세기의 책들 20선

천년의 지혜 시리즈
NO.5
자기계발 편 1부

영원히 날씬할 방법을
찾고 있어

최초 출간일 2005년

영원히
날씬할 방법을
찾고 있어

I CAN

MAKE

YOU THIN

폴 매케나 지음 / 서진 편저·기획 / 안진환 번역 감수

SNOWFOX

천년의 지혜 시리즈 소개

A Thousand Years of Wisdom

THE

WISDOM OF

—— A ——

MILLENNIUM

1. 총 검토 기간 :   1년 6개월

2. 출간 후보 도서 검토 종수 :   1만 2천 종

3. 확정된 시리즈 전체 출간 종수 :   20종

4. 최초 ~ 최근 출간 기간 :   1335년 ~ 2005년

5. 단일 최소, 최대 출간 언어 수 :   2개 ~ 38개 언어로 출간

6. 단일 최소, 최대 판매 부수 :   20만 부 ~ 1천5백만 부 판매

7. 단일 최소, 최대 개정판 출간 종수 :   27판 ~ 3843판

8. 시리즈 출간 기간 :   2023년 12월 ~ 2025년 9월

9. 출간 분야 :   경제경영 4종

자기계발 7종

에세이 3종

인문 3종

철학 3종

스노우폭스북스 『세기의 책들 20선, 천년의 지혜 시리즈』는 지난 수 세기 동안 출간된 책 중에서 현재 널리 알려진 여러 가르침과 기본적인 사상을 만든 책들을 찾아 엄선해 출간했습니다.
이 귀한 지혜들을 파생시킨 '최초의 시작'을 만든 책들을 하나로 규합해 출간함으로써 지혜와 더 깊은 통찰에 목마른 우리 모두에게 '읽을거리'를 제공하고자 했습니다.
이로써 가벼운 지금의 '읽기'에서 보다 깊이 사유하는 '읽는 사람'으로 변화되는 일을 만들어 나가고자 했습니다.

진실은 언제나 간결하다는 사실이 실감 납니다. 진실은 늘 어렵고 복잡하지 않은가 봅니다. 두말이 필요 없고 군더더기 없는, 누구도 토시 하나 달지 않을, 그런 인정을 하게 해서 그렇겠죠.

20년 전에 이렇게나 많은 나라에서, 이렇게나 널리 퍼진 체중 감량 책이 있다는 사실이 놀라웠습니다. TV 프로그램으로도 방영돼 수억 명 넘는 사람이 시청할 정도였다니 기대를 한껏 품고 편저를 시작했습니다. 편저를 하면서 이런 생각이 들었습니다.

'자기 몸에 만족하는 사람이 과연 몇 명이나 될까? 다른 사람 눈에는 그저 예뻐도 자신은 만족하지 않는 게 몸 아닐까?'

그러다 책 편저를 마치기도 전에 늘 내뱉던 단어 하나를 바꿨습니다. '다이어트'에서 '체중 감량'으로 표현을 수정하게 된 건데요. 다이어트라는 말이 주는 어감 자체에, 이미 실패했던 과거 경험과 배고 픔이나 맛있는 음식을 먹을 수 없다는 부정적인 기억이 내포돼 있다 는군요. 따라서 실세 체중 감량을 하는 데 도움이 되지 않는다는 저 자의 주장에 확실히 설득될 수밖에 없었습니다.

책의 저자 폴 매케나 박사는 최면술사, NLP(신경 언어 프로그래 밍)의 권위자입니다. 행동 과학자이며 방송인, 베스트셀러 저자이기 도 합니다. 그가 집필한 도서의 판매 부수는 1,500만 부가 넘는다고 합니다.

이 책의 원제는 '나는 당신을 날씬하게 만들 수 있다(I Can Make You Thin)'로 전 세계 42개국에서 리얼리티 TV 프로그램으로 제작돼 방송되었습니다. 누적 시청자 수만 수억 명이라고 하니, 당시 체중 감량 분야에 획기적인 바람이 아니었던가 싶습니다.

하지만 이 책은 그 흔한 '먹지 말 것' 목록이 없고 바른 생활을 하 도록 종용하는 글도 없습니다. 단지 체중 감량을, 그것도 '당신을 영 원히 날씬하게 만들 수 있다'고 강조하고 그저 단출한 4가지 황금률 을 제시합니다. 너무 쉬워서 '정말 그 정도로 살을 뺄 수 있다는 거 야?'라고 의문을 품을 거라고 저자 스스로 여러 곳에서 언급할 정도 입니다.

더불어 그 자신의 명성에 어울리는 특이점은, 특별히 고안해 독자에게 제공하는 태핑 기법입니다. 또한 음식 중독자나 습관적으로 과식을 하는, 체중 감량에 최대 걸림돌인 음식에 대한 갈망을 해소하거나 없애는 최면 파일이 함께 들어있다는 점입니다.

실제 편저를 하며 이 태핑 기법을 사용해 보기도 했습니다. 한데 놀라운 점은 이 책을 편저하는 동안 실제로 체중이 3킬로그램이나 감량했다는 겁니다. 독자 누군가에게 '이 책에서 알려주는 방법대로 하면 정말 살이 빠진다'고 강조하는 입장에서 실제로 가볍게 따른 것뿐인데 말입니다.

얼마나 많은 사람이 살을 빼고 날씬해지기를 원하고 있을까요? 가벼운 몸으로 어디든 가고, 즐겁고 기쁜 마음을 품고 생활할 때 오는 성취감은 어떤 기분일까요? '입고 싶은 로망' 목록에 담아두는 옷이 아니라 '입을 옷' 목록에 어느 것이든 담을 수 있는 몸이라면요?

이 책은 건강하면서 내면의 성취감을 채워주는 체중 감량을 하도록 제안하고 거창한 운동이 아니라 그저 가볍게 몸 움직이기를 운동으로 제안합니다. 매일 자신의 몸을 보며 맘에 들지 않는 부위를 불평하기보다, 좋아지고 있고 원하는 만큼 체중이 감량돼 가고 있다는 메시지를 몸과 나 스스로에게 전하도록 설득합니다.

이 책에 완전히 매료돼 실세로 '원하는 만큼 영원히 날씬해지기'를 소원해 봅니다. 어느 날 목선이 한껏 드러나는 하늘거리는 쉬폰 원피스를 입고 모두 함께 만나는 날을 기대해 봅니다.

편저자 서진

로널드 루덴 박사의 말

20년 넘게 의료 분야에서 영양학 전문가로 일하면서, 체중 감량 이후에 유지를 위해 고군분투하는 환자들을 많이 봐왔습니다. 과체중인 사람들이 하루 400칼로리 정도의 음식만 섭취하는 초저열량 다이어트를 선택하는 걸 보고 크게 놀랍니다. 그리고 대부분 그렇게 힘들게 감량한 체중을 유지하지 못하고 다시 이전으로 돌아가는 슬픈 현실에도 크게 놀라게 됩니다. 안타깝게도 상당수가 이런 과정을 반복적으로 겪습니다.

비만인 사람들은 왜 감량 상태를 유지할 수 없을까요?

수년 동안 여러 환자들은 저에게 '먹는 것을 멈출 수 없다'고 말했습니다. 또는 무의식적으로 먹고 있는 나를 발견한다고 말했습니다.

먹는 걸 통제하면 되는데 그렇게 하지 못했으니, 뚱뚱한 사람이 수치심이나 불만족 같은 대가를 치르는 게 당연하다고 생각할지도 모릅니다. 하지만 다이어트는 원래 효과가 없습니다. 이것이 진실입니다.

많이 먹는 것은 의지력 부족 때문이 아닙니다. 음식을 먹는 행위 자체가 뇌의 통제로부터 비롯되기 때문입니다.

음식을 자유롭게 구할 수 있는 세상에서 다이어트를 하려면, 의식적으로 적게 먹기 위해 끊임없이 노력해야 합니다. 그러나 우리가 수면을 거부할 수 없는 것처럼, 뇌는 우리의 마음을 무시하고 음식을 먹게 만듭니다. 이것은 뇌의 지시를 받아 행동하는 모든 생명체에게 자연스런 현상입니다.

그렇다면 이 상황을 어떻게 해결할 수 있을까요?

그 해결책은 다이어트 방법에 있는 게 아니라 뇌에서 보내는 신호에 대한 반응을 바꾸는 데 있습니다. 다시 말해 행동을 바꾸는 것입니다. 이 책에는 불가능해 보이는 '체중 감량과 유지'라는 목표 달성을 위한 완벽한 기준이 되어 줄 열쇠가 담겨 있습니다.

이 책에서 제시하는 것은 유행하는 다이어트가 아니라, 배고픔에 대한 반응을 조절하고, 더 나아가 다이어트 스트레스를 줄임으로써 음식에 대한 욕구를 변화시키는 방법입니다.

　이 방법은 혁신적인 접근 방식이라고밖에 할 수 없습니다. 약물을 사용하지 않고도 장기적으로 성공할 수 있는 유일한 접근 방식이기 때문입니다.

　열린 마음으로 이 책에서 제공하는 전문가의 조언을 면밀히 따르기를 제안합니다. 노력만큼 승리할 수 있을 것입니다.

뉴욕의 레녹스 힐 병원에서,

『갈망하는 뇌 The Craving Brain』의 저자

의학박사 로널드 루덴

저자가 전하는
중요 참고 사항

원할 때마다, 원하는 것을 먹으면서 체중을 감량하려면 어떻게 해야 할까요? 터무니없는 주장처럼 들리겠지만 진짜 그런 방법이 있습니다.

이 시스템은 매우 간단하기 때문에 처음에는 효과가 있다고 믿기 어려울 겁니다. 그 이유는 사람들은 체중 감량이란 어려운 일이라고 믿도록 세뇌당해 왔지만, 실제는 그렇지 않기 때문입니다.

이 시스템은 영국에서 혁명적인 돌풍을 일으켰고 미국에 소개되었으며, 텔레비전 정규 프로그램으로 편성되어 방영되었습니다. 또한 독립적인 연구 기관에서 이 시스템이 그 어떤 다이어트 방법보다 7배는 더 성공적이라는 것을 밝혀냈습니다!

2005년, 이 책이 출간된 후 이 시스템은 다이어트 업계에 혁명을 일으켰고, 점점 더 많은 의사들이 제가 수년간 경험을 통해 알게 된 사실들을 뒷받침해 줄 만한 증거들을 점점 더 많이 수집하고 있습니다.

다이어트는 체중 감량의 적입니다!

최근 발표된 연구에 따르면 다이어트는, 다이어트를 하는 사람들 중 10% 미만에게만 효과가 있을 뿐이라는 사실이 밝혀졌습니다. 더불어 다이어트를 중단한 사람 대다수가 다이어트 전보다 체중이 더 많이 증가하는 요요 현상을 경험한다고 합니다. 다이어트는 이런 문제점이 있을 뿐만 아니라 아니라 건강까지 해칩니다. 국민 건강을 위해서 흡연보다는 다이어트를 금지하는 편이 더 낫나고 밀하는 게 합리적일 정도입니다.

기존 내용을 보완하고 확장한 이번 개정판에는 체중을 감량한 수십만 명으로부터 얻은 성공적인 핵심 결과가 담겼습니다. 특히 이 시스템이 제대로 작동하여 효과를 보는 데 가장 큰 장애물이 되었던 '자기 방해'를 극복하는 방법이 추가되었습니다. 또한 방법을 알고 나면 '체중을 감량하고 평생 유지하는 것이 정말 쉽다'는 것을 보여드리기 위해 몇 가지 성공 사례를 추가했습니다.

필요한 것은 이것들입니다.

1. 이 책을 읽는다. 약 2시간 정도 걸릴 것이다.
2. 지시에 따른다.
3. 2주일 동안 매일 신경 언어 프로그래밍(NLP) 녹음 파일을 듣는다.
4. 식사 패턴이 달라지고 체중이 감소하는 현상을 확인한다.

최근 제 세미나에서, 체중을 대량으로 감량하는 데 성공한 여성을 만났습니다. 그녀는 화가 난다고 말했습니다. 수년간 다이어트로 자신을 괴롭히고 실패자처럼 느껴온 시간과 식이요법, 체중 감량 프로그램, 특수 식품에 지출한 돈을 모두 합치면 거의 몇만 파운드에 달한다고 했지요. 체중 감량이 얼마나 쉬운 일인지 알았더라면 그 많은 돈과 시간, 불필요한 스트레스를 줄일 수 있었을 거라고 하면서요.

지금부터 설명하는 내용 중 대부분은 과거에 해왔던 '옳다'는 것에 정면으로 반대되는 내용일 것입니다. 하지만 여러분이 지금까지 했던 다이어트는 효과가 없었거나 잠깐 동안 효과가 있었을 것입니다.

이제, 이전에 시도했던 것과는 완전히 다른 무언가를 시도할 때입니다. 실제로 이 책에 담긴 방법으로 다이어트에 완전히 성공한 사람은 셀 수 없이 많습니다. 35개 나라에서 1,000만 부 넘게 판매된 후 수억 명이 저의 텔레비전 쇼를 시청했다는 사실이 이를 증명하는 셈입니다.

제가 소개하려는 것과 똑같은 접근 방식으로 수천, 수만 명의 사람들이 쉽게 체중을 감량할 수 있었고, 자신이 더 나은 사람이 됐다고 느낄 수 있었습니다.

이제 당신의 차례입니다.

당신의 건강을 위하여,

폴 매케나

contents

1장

진정으로 색다른 경험을 할 준비가 됐나요?

2장

세계에서 가장 간단한 체중 감량 시스템

3장
날씬한 몸매로 마음의 프로그램 짜기

4장

기분을 바꾸려고 음식을 먹지 말 것

5장

움직이기만 해도 모두 운동입니다

6장

음식을 향한 끝없는 갈망 없애기

I'm looking for
a way to stay slim forever

경고

이 책과 함께 제공되는 녹음 파일을

운전 중에 듣지 마십시오.

또는 중장비를 조작할 때,

간질을 앓고 있는 경우,

특정 신경질환이 있는 경우라면 듣지 마십시오.

체중 감량을 위한
신경 언어 프로그래밍(NLP) 녹음 파일

우리의 마음은 생각과 행동을 정리하는 자체 소프트웨어가 들어 있는 컴퓨터와 같습니다. 수년 동안 다양한 문제를 가진 모든 계층의 사람들과 함께 일하면서 저는 거의 모든 문제가 무의식 속에서 실행되는 부정적인 프로그램 때문이라는 사실을 알게 됐습니다.

이 책에는 무의식을 긍정적인 의지력으로 채울 수 있는 강력한 신경 언어 프로그래밍(NLP) 녹음 파일이 함께 제공됩니다. 당신이 자연스러운 이완 상태에 빠져드는 동안, 나는 당신의 컴퓨터, 즉 무의식을 다시 프로그래밍 하여 음식에 대한 생각을 바꾸고, 자신에 관해 더 나은 기분을 느낄 수 있도록 할 것입니다. 행동을 바꾸고, 더 맛있게 먹고, 신진대사의 속도를 높이고, 음식에 대한 집착에서 벗어나는 데 도움이 되는 제안을 드릴 것입니다.

안전한 상태에서 완전히 휴식을 취할 수 있도록 30분 정도 여유가 있을 때 듣는 것이 가장 좋습니다. 규칙적으로 들으면서 스스로 만드는 모든 변화를 더 강력하게 할 수 있습니다. 그렇게 할 때 이 책에 나와 있는 황금률(Golden Rule, 남에게 대접을 받고자 하는 대로 남을 대접하라는 기독교 윤리의 근본 원리. 여기서는 행동의 기본 원리를 비유하는 말로 쓰였음.)을 실천하기가 훨씬 쉬워질 것입니다.

이 기법과 시뮬레이션 효과에 대한 최신 연구에 따르면, 이 녹음 파일을 매일 반복해서 들을 경우 체중 감량 능력이 크게 향상되는 것으로 나타났습니다.

I'M LOOKING

FOR

A WAY TO STAY

SLIM

FOREVER

1장

진정으로 색다른 경험을 할 준비가 됐나요?

삶의 욕구를 자율적으로 억제할 수 있게 되어 기쁩니다.
더 이상 먹기 위해 사는 것이 아니라 살기 위해 먹습니다.

— 기업의 관리자 재닛 앨런

이 책은 당신이 지금까지 읽은 체중 감량 서적 중에서 가장 분량이 짧은 것일 수 있습니다. 그러나 책의 두께에 속지 마세요. 당신도 동의하겠지만 책은 얇을수록 읽기 쉽고, 가장 중요한 건 그 안에 들어 있는 내용이니까요.

이 작은 책을 최대한 간결하게 다듬기 위해 열심히 노력했습니다. 너무나 간결한 덕분에 2시간 남짓만 읽어도 끝낼 수 있습니다.

하지만 얼마나 대단한 하루가 될까요! 이 시간 동안 원하는 몸매를 만드는 데 방해하는 요인을 알게 될 뿐만 아니라, 지금까지 밝혀진 것 중에 가장 간단하고 효과적인 체중 감량 시스템을 배우게 될 것입니다.

이 시스템은 세상 모든 다이어트에 실패한 것처럼 느껴지거나, 평생 과체중으로 살아온 사람들, 체중을 감량하고 평생 건강하게 살기를 원하는 사람들에게 혁명이 되어 줄 것입니다.

체중 감량, 건강한 라이프스타일, 몸매에 대한 만족감 또는 마지막 10파운드(4.5kg 남짓)를 감량하는 것이 주된 목표라면, 이 시스템이 여러분이 찾던 바로 그 시스템이 되어 줄 것입니다.

또한 운동에 관한 진실을 밝히고, 신진대사를 촉진하며, 식욕을 조절하고, 음식으로 채우던 감정적 문제를 해소할 수 있는 간단하지만 강력한 몇 가지 기술을 알려드릴 것입니다.

마지막으로, 제가 가장 좋아하는 신경 언어 프로그래밍(NLP) 기법 몇 가지를 알려드리고자 합니다. 이 정보들은 현재와 미래의 기분을 개선하는 데 사용할 수 있으며, 무의식 깊은 곳에서부터 그 원리를 강화하고 싶을 때면 언제든지 이 녹음 파일을 들어 보시기 바랍니다.

제 말을 그대로 믿지 않으셔도 좋습니다. 다만 지침을 단계별로 따라 하면서, 당신의 몸과 당신의 삶이 어떻게 더 나은 방향으로 변화하기 시작하는지 확인해 보세요.

천성적으로
날씬한 사람들의 비밀

이 책에서 저는 천성적으로 날씬한 사람들을 연구하면서 얻은 비밀을 독자 여러분과 공유할 것입니다. 이들은 섭식 장애, 약물 중독, 사진 보정으로 초라한 몸매를 가진 막대기 같은 모델이 아니라 어떻게든 원하는 것을 먹고 날씬한 몸매를 유지할 수 있는 것처럼 보이는 현실 속의 사람들입니다.

천성적으로 날씬한 이 사람들의 식습관을 배우면, 당신도 언제든 원하는 음식을 먹고, 먹고 싶을 때 먹으면서도 체중을 감량할 수 있습니다.

진실에 집중하십시오. 당신도 날씬해질 수 있습니다.

그렇게 되지 않는다면 그 이유가 있어야 합니다. 따라서 이 시스템으로 누구나 체중을 감량할 수 있다면, 우리가 물어봐야 할 유일한 질문은 이것뿐입니다!

왜 나는 아직 날씬하지 않을까?

제가 관찰한 바에 따르면, 사람들이 원하는 체중으로 행복하게 살지 못하게 가로막는 세 가지 주요 패턴이 있습니다. 다음 설명을 읽으면서 이 중 어떤 것이 자신에게 해당되는지 확인해 보세요. 그런 다음 3장에서 마음의 프로그램을 다시 짜기 시작한다면, 체중은 즉시 줄어들기 시작할 것입니다.

패턴 1:
강박적인 다이어트

저는 동네 서점에 진열돼 있는 체중 감량 코너에서 책들을 살펴봤습니다. 놀라운 사실은 거의 모든 책이 '금지 식품' 목록이나 메뉴, 칼로리 조절 가이드로 가득 차 있으면서도 '이것은 다이어트가 아니다.'라는 문구로 시작한다는 것이었습니다.

먼저 한 가지를 살펴보시죠.

다이어트는 언제,

어디서,

무엇을

얼마나 먹어야 하는지를

통제하려는

모든 식습관입니다.

지난 몇 년 동안 다이어트에 문제가 있다는 지적에는 그럴만한 이유가 있습니다. 연구에 따르면, 다이어트로 체중 감량을 시도한 90% 이상이 실패를 경험했다고 합니다.

누군가 새로운 방법으로 살을 뺐다고 자랑하는 사람을 만나면, 저는 6개월 후에 다시 와서 이야기해 달라고 합니다. 6개월 후에도 여전히 자신의 체중과 식단에 만족한다면, 저는 얼마든지 들을 준비가 돼 있습니다. 하지만 지금까지 그 누구도 다시 오지 않았습니다.

너무 많은 다이어트 방법, 현재 출간된 다이어트 책은 2만 5천 권이 넘지만, 이 중 상당수가 상반되는 모순된 정보를 담고 있습니다. 그러니 수십억 달러의 다이어트 산업만큼이나 우리가 혼란스러운 건 당연합니다.

문제는 다이어트가 효과가 없을 뿐만 아니라 대부분이 명백한 사기라는 사실입니다. 실제로 유명 인사가 자신의 다이어트 성공 사례를 밝히며 최신 유행하는 다이어트 식품이나 방법을 지지하는 모습을 보면서, 어떻게 그렇게 뻔뻔할 수 있는지 의아하기만 합니다.

대부분의 경우, 그들이 실제로 한 일은 다이어트를 하고 체중을 감량하고 난 다음, 몇 달 후에 다시 원상태로 돌아간 일입니다. 그러면 그들 중에서 일부는 다시 다른 다이어트 방법으로 체중 감량을 하고, 체중이 제자리로 돌아가기 전까지 몇 달 동안 선전을 해줍니다.

여기까지 제가 주장한 메시지의 의도를 이해하지 못한 분을 위해 설명을 하자면, 바로 이것입니다.

다이어트는
영원히 잊어버리십시오.
다이어트는 본질적으로
살이 찌고
실패한 것처럼 느끼는 감정을
훈련하는
과정일 뿐입니다.

다이어트를 하고 실패하는 횟수가 많아질수록 우리는 체중 감량을 '절대 할 수 없다.'라고 스스로 확신하게 됩니다. 하지만 대부분의 체중 감량 프로그램이 효과가 없는 진짜 이유는 '내 탓'이 아닙니다. 다만 지금까지 이 사실을 말해 주는 사람이 없었던 것뿐입니다.

생물학자인 안셀 키즈(Ancel Keyes)는 제2차 세계대전 중 인간의 기아에 관해 연구했습니다. 그 결과 음식 섭취량을 기아 상태 정도로 줄이면 과민 반응과 인내력 상실, 음식에 대한 강박적인 행동(거짓말, 사재기, 도둑질 등)이 나타난다는 사실을 발견했습니다.

더욱 놀라운 사실은 굶주림의 시간이 끝나고 다시 원하는 음식을 먹을 수 있게 되고 나서도 음식에 대한 집착이 3개월이나 지속됐다는 점입니다. 실제로 실험에 참여한 사람들은 이 연구를 시작하기 전보다 최대 8배나 많은 음식을 먹었습니다. (왠지 모르게 익숙한 이야기인가요?)

1950년대의 논문 「인간의 기아 생물학*The Biology of Human Starvation*」에 기록된 이 실험은 재현이 불가능합니다. 고의로 사람을 굶기는 건 잔인하고 비인도적인 행위이기 때문입니다. 하지만 한 가지 흥미로운 사실은 준기아 수준인 이 실험의 배급량도 하루에 약 1,500kcal였다는 겁니다. 현재 유행하는 수천 가지의 다이어트에서 허용되는 것보다 훨씬 더 많은 양입니다.

이 실험은 살을 빼는 가장 나쁜 방법이 음식 섭취를 제한하는 것이라는 점을 보여 줍니다. 따라서 지금까지 당신이 알고 있던, 해봤던, 하려던 그 모든 감량 방법에 효과가 없을 거라면 이제 다른 방법을 시도해 봐야 하지 않을까요?

패턴 2:
감정적인 식사

저는 다이어트 다음으로 감정적인 식사가 전 세계 비만의 가장 큰 원인이라고 확신합니다. 사람들은 지루하거나 외롭거나 비참하거나 피곤한, 100가지 감정적인 이유 중 하나 때문에 음식을 먹습니다. 하지만 그중 어느 것도 육체적인 실제 배고픔과 관련이 없습니다.

감정적인 배고픔에 따라 음식을 먹으면 우리 몸은 결코 음식으로 포만감을 느끼지 못합니다. 애초에 음식으로 인한 배고픔이 아니었기 때문에 포만감을 느끼지 못하고, 식사를 중단하라는 신호도 받을 수 없습니다.

트라우마나 힘든 시기를 겪은 후 살이 찌기 시작했고, 그 시기를 견디기 위해 음식으로 위안을 삼기 시작했을 수도 있습니다. 이제 그 시기는 지났지만, 화가 나거나 외롭거나 지루할 때 음식을 먹는 습관은 남았습니다. 이 습관은 우리가 느끼는 감정에 대한 근본적인 오해에서 나온 것입니다.

감정은 누군가 메시지를 전달하기 위해 문을 두드리는 것과 비슷합니다. 메시지가 급한 경우 큰 소리로 두드리고, 매우 급한 경우 매우 큰 소리로 두드리고, 매우 급한데도 나오지 않으면 문을 열 때까지 더 크게 두드리거나 문을 부수어 버리겠죠.

어느 쪽이든 감정은 제 임무를 완수할 때까지 계속 떠오릅니다. 그러나 감정 메시지를 듣고 문을 열어 적절한 조치를 취하는 순간, 그 감정은 사라집니다.

다행히도 이런 과정을 이해하면 더 이상 피해자가 될 필요가 없습니다. 감정적 식습관을 해결해 줄 여러 가지 강력한 기법을 소개할 것이기 때문입니다. 사실 제 동료 중 한 명은 고객에게 냉장고에 커다란 물음표를 붙이게 하는 것만으로도 엄청난 성공을 거뒀습니다. 이 물음표가, 고객으로 하여금 간식을 꺼내 들기 전에 자신에게 이 질문을 하도록 상기시켰기 때문입니다.

정말 배가 고픈 건가요?
아니면
그냥 기분 전환이 필요한 건가요?

저는 치료 과정에서, 최초로 체중이 증가한 시점에 과거의 여러 사건들과 성적 학대 경험부터 별것 아닌 동료의 놀림 같은 사소한 일까지 관련돼 있다는 사실을 깨닫고 놀랄 때가 많습니다.

이 책과 NLP 녹음 파일에 수록된 방법이 도움이 되겠지만, 전문적인 치료를 대신할 수 있는 것은 아닙니다. 그런 경우는 의사에게 적절한 치료를 요청하세요.

패턴 3:
프로그래밍 결함

과체중이 자신의 잘못이 아니라면 그것은 정신적 프로그래밍 때문입니다. 따라서 어떤 다이어트 방법이나 약으로도 바꿀 수 없습니다. 체중을 줄이고 유지하는 유일한 방법은 무의식 속으로 들어가 음식과의 관계를 영원히 바꾸는 것입니다.

그러나 진정하세요. 당신은 미치지 않았고, 망가지지도 않았으며, 나쁜 사람도 아닙니다. 당신은 단지 매우 비생산적인 습관을 개발했을 뿐입니다.

좋은 소식은 마음의 프로그램을 다시 짜는 방법을 배우면, 성공을 보장하는 새로운 사고와 행동 습관을 개발하는 것도 마찬가지로 간단해질 거라는 점입니다.

효과가 있을 거라고 믿을 필요도 없습니다. 이 지침을 따르기만 하면, 체중을 감량할 수 있을 뿐만 아니라 음식에 대한 집착을 영원히 멈출 수 있습니다.

  지금부터 몇 분 안에 체중을 감량하고 평생 유지하는 데 가장 중
요한 네 가지를 알려드리겠습니다. 하지만 시작하기 전에 잠시 멈춰
서 다음과 같은 사고 실험(실행 가능성이나 입증 가능성에 구애받지 않고,
머릿속의 사고를 통해서만 성립되는 실험)을 해보시기 바랍니다.

상상력을 발휘해서

자신의 생, 인생의 거의 끝자락에 있는 나를 상상해 보세요.

지금으로부터 몇 년이 지났고, 여기에서 하는 제안을 따르지 않고 다른 방법으로 체중 감량을 시작했다고 상상해 보십시오.

여러 가지 다이어트를 해마다 시도하고 실패를 계속하면서 체중은 지금보다 더 증가했고, 그만큼의 소중한 활력도 잃은 상태라고 가정해 봅시다.

- 그 결정이 자신의 건강에 어떤 영향을 미쳤나요?
- 나 자신의 행복감에는 어떤 영향을 미쳤나요?
- 다른 사람과의 인간관계에는 어떤 결과를 가져왔나요?
- 몸 상태는 어떤가요?

이제 다시 이 프로그램을 따라 하면서, 목표하는 체중에 쉽게 도달하고 유지하는 모습을 상상해 보세요.

- 기분이 어떠신가요?

- 활력과 에너지는 어떤가요?

- 무엇을 할 수 있나요?

- 어떤 옷을 입을 수 있나요?

- 누구랑 같이 있나요? 무엇을 함께 하고 있나요?

- 원하는 체중으로 몇 년 동안 살면서 어떤 느낌이 들까요?

이제…… 멈추세요!

그리고 이제 시작하세요!

이제 결정할 시간입니다. 핑계와 과체중에 앞으로도 계속 매달리고 싶다면, 지금 당장 책을 내려놓으십시오.

하지만 마침내 이 지긋지긋한 짐을 등 뒤에서 떼어 내겠다면, 지금부터는 전적으로 당신에게 달려 있습니다. 이제 시작하세요!

? 자주 묻는 질문

Q. 체중을 줄이려고 여러 방법을 시도해 봤지만, 효과가 없었습니다. 이 시스템은 어떻게 다른가요?

하트퍼드셔 대학교에 있는 벤 플레처(Ben Fletcher) 교수의 연구에 따르면, 배가 고팠을 때 텔레비전을 끄고 산책을 하거나, 친구와 잡담을 나누거나, 영화를 보러 가는 것 같은 평범한 지시로 놀라운 결과를 얻었다고 합니다.

그는 음식을 먹는 것 대신 '무언가 다른 것'을 하게 한 뒤, 대상자들의 식습관이 바뀌기 시작했다고 했습니다. 그 후 자연스럽게 음식을 먹는 것과 운동을 하는 것에 관해 더 건전한 선택을 하게 되었다고 말입니다.

이전의 다이어트들이 전혀 효과가 없었던 이유는 동일한 방식을 반복했기 때문입니다. 즉 음식을 줄이고 배고픈 상태가 될 만큼 지속적으로 굶는 다이어트를 해왔기 때문인 것입니다.

바뀐 것은 음식 재료나 방식들 뿐이었습니다. 똑같은 행동을 되풀이하면서 다른 결과를 기대하기란 어려운 노릇입니다.

Q. 저는 과체중입니다. 그래도 곧장 이 시스템을 시작할 수 있나요? 아니면 먼저 어느 정도 살을 빼고 시작해야 할까요?

이 시스템은 지금까지 당신이 알고 있던 모든 다이어트와 직접적으로 상충됩니다! 앞서 한 말과 중복되지만, 다시 한번 말씀드리겠습니다.

어떤 방법이든지,

어떤 사람이든지 간에

당신에게 언제, 어디서, 무엇을

얼마나 먹어야 한다고 지시하는 것은

당신의 몸을 무시하라고

가르치는 것이나 다름없습니다.

만약 당신이 지금 과체중이라면

당신의 몸은 현재 무시당하고 싶지 않다고

호소하고 있을 것입니다!

체중이 얼마나 나가든, 평생 과체중이었든, 가족 모두가 과체중이든 상관없이 이 시스템을 사용하면 체중을 감량하고, 자신을 더 잘 통제하게 되며 기분도 좋아질 것입니다.

Q. 이 시스템으로 얼마나 뺄 수 있나요? 잡지에 나오는 모델처럼 보이고 싶습니다.

잡지 모델의 모습을 상상할 필요는 없습니다. 잡지 표지에 등장하는 대부분의 사진은 판매를 자극하도록 디지털 기술로 보정된 것입니다. 그 사진은 실체를 보여주는 게 아닙니다.

존재하지도 않는 무언가와 끊임없이 자신을 비교하기보다는 자기 자신과 비교하는 것이 훨씬 낫습니다. 후보정을 해서 잡지 표지에 들어간 깡마른 소녀의 사진을 자신과 비교하고, 자신을 한 인간으로서 충분하지 않다고 여기는 여성들이 너무 많습니다. 그 대신에 자기 자신에게 이 질문을 해 본다면, 기분이 훨씬 나아질 겁니다.

나는 얼마나 나아지고 있는가?

저는 뉴욕에서 몇 년 동안 살면서 세계에서 가장 유명한 모델들을 만날 기회가 많았어요. 놀라운 건 많은 여성이 믿을 수 없을 정도로 아름다워 보였지만, 항상 배고픔에 시달리고 있었다는 사실입니다! 그들은 자신의 결점을 찾는 데만 시간을 허비하고 있었고, 정작 자신이 이미 완벽하다는 사실은 보지 못한다는 생각이 들었습니다.

위대한 철학자 괴테(Johann Wolfgang von Goethe, 1749~1832)는 "우리가 어디에 서 있느냐보다 중요한 것은 '어디로 가고 있느냐'이다."라고 말했습니다. 즉 방향의 중요성을 강조한 것입니다.

우리 삶에서는 언제든지 더 좋아지거나 더 나빠지는 일이 다반사입니다. 나아지고 있다면 다행입니다. 하지만 나빠지고 있다면, 나아가는 방향을 수정할 때입니다.

35kg을 감량한
케이트 하울렛의 이야기

BEFORE

AFTER

폴 매케나 박사의 체중 감량 시스템을 시작하기 전, 저는 지방이 나 칼로리를 계산했습니다. 오후 5시 이후에는 아무것도 먹지 않는 다이어트부터, 거의 모든 종류의 다이어트를 모두 시도했었습니다.

결국 저는 포기하고 말았습니다. 저는 여전히 뚱뚱했습니다. 제 가족은 모두 뚱뚱합니다. 유전적 요인 때문이죠.

'어떻게 하면 좋을까?'를 고민하던 중에 누군가 "폴 매케나 박사 의 시스템을 해봤는데 만족스러웠어."라고 했습니다. 그래서 저도 한번 해봐야겠다고 결심하게 됐죠.

일단 시작하고 난 다음에는 '체중 감량이 얼마나 쉬운 건가'를 알고 놀랐습니다. 다이어트는 음식을 바라보는 새로운 시각에 달렸다는 걸 깨달았습니다. 이제 저는 음식 생각으로 가득 차서 무작정 먹어치우는 뚱보에서, 식사를 즐기는 사람이 됐습니다.

이제 유일한 문제는 맛있는 음식을 접시에 한가득 담아 주는 인심 좋은 식당에 갔을 때, 미리 '음식이 너무 많다'고 말하는 번거로움이 있는 사람이라는 점입니다.

저는 아직도 이 책의 CD(이전에는 NLP 기법에 관한 내용을 CD 형태로 제공했음. – 엮은이 주)를 듣습니다. 아침에 일어나면 더 활기찬 기운을 얻을 수 있다고 추천받았는데, 실제로도 그랬습니다. 전에는 언제나 차를 타고 아들을 등교시켜 주었지만, 이제는 걸어서 학교에 데려다주는 걸 즐깁니다. 예전에는 두려움의 대상이었던 옷 쇼핑이 이제는 정말 가장 큰 즐거움 중 하나가 됐습니다.

폴 매케나 박사의 시스템을 실천하고 나서부터 삶을 훨씬 더 긍정적으로 생각하게 되었습니다. 어떤 의미에서 체중 감소는 보너스일 뿐이었을 정도로!

I'M LOOKING

FOR

A WAY TO STAY

SLIM

FOREVER

세계에서 가장 간단한
체중 감량 시스템

어떻게 이렇게
잘 아느냐고요?

많은 사람이 이 체중 감량 시스템을 어떻게 생각해 냈는지 물어보곤 합니다. 과체중이었던 적이 있는지, 심리학을 공부했거나 아니면 그냥 갑자기 떠올린 건지 궁금해하죠.

하지만 이 시스템을 개발하고 개선하는 데 20년이 넘게 걸렸습니다. 그 기간 동안 만성적으로 과체중인 사람들의 사고방식과 선천적으로 날씬한 사람들을 비교했습니다. 제가 발견한 것은 애초에 '태어나면서부터 날씬한 사람'은 없다는 것입니다.

다만 그들은 운 좋게도 다이어트와 체중 감량 산업에 세뇌되지 않았고, 자신의 몸을 무시하고 맹목적으로 체중을 감량시키는 의료 기관을 따르지 않았을 뿐이었습니다. 의료 기관 중 상당수는 체중 감량 산업으로부터 자금을 지원받고 있습니다.

우리 몸은 세상의 어떤 다이어트 시스템들보다 똑똑하지만, '잘못된 음식'이 건강에 악영향을 미치거나 살을 찌게 한다는 정보가 넘쳐납니다. 따라서 우리 몸이 말하는 것을 보고, 듣고, 느끼기 어렵게 만듭니다.

이제, 지금 필요한 것은 식습관을 영원히 바꾸는 일입니다. 자연스럽게 날씬해지는 진정한 비결은 언제, 무엇을, 어떻게, 얼마나 먹을지 결정하는 네 가지 '황금률'로 생활하는 것뿐입니다.

이 작은 습관은 삶에 큰 변화를 가져올 것입니다. 어떤 상황에서든 최상의 음식을 선택하는 데 도움이 되는, 너무 간단한 원칙이기 때문입니다.

매일 아침 음식에 집착하며 일어나는 것에 질렸어요. 폴의 시스템을 사용하기 시작한 이후로는 그렇게 하지 않아요. 정말 좋아요!

— 트레이너 재닛 콥

체중 감량의 황금률 1번

배가 고프면?

굶으면 실제로 살이 찐다

낙타의 혹 안에는 뭐가 들어 있을까요? 지방, 즉 저장된 지방입니다. 낙타는 식사와 식사 사이에 얼마나 오래 굶게 될지 모르기 때문에 지방을 저장합니다. 배가 고플 때 먹지 않고 굶으면, 우리 몸도 낙타의 지방 같은 일을 합니다.

한동안 체중 감량을 여러 차례 시도했다면 우리 몸은 지속적인 지방 저장 모드에 갇혀 있을 가능성이 높습니다. 우리 몸은 기근이 왔다고 생각하고 여기에 대응해 생존 모드로 전환합니다.

'만일을 대비'해서 세포에 지방을 저장하는 거죠. 시간이 지나면서 몸은 섭취하는 모든 음식에서 더 많은 지방을 뽑아내기 시작합니다. '체중 감량용 라자냐'에는 지방이 몇 그램밖에 들어 있지 않을 수 있지만, 배고플 때가 아닌 '정해놓은 식사 시간'이 됐다는 이유로 먹는다면, 우리 몸은 지방을 붙잡아서 저장할 수 있는 곳에 저장하기 위해 무엇이든 할 것입니다.

일반적으로 남성이라면 위, 여성이라면 엉덩이와 허벅지에 지방을 저장합니다.

실제로 마른 사람이 때때로 많이 먹어도 살이 찌지 않는 이유 중 하나는 굶지 않기 때문입니다. 몸이 음식에서 과도한 지방을 찾아내 저장하지 않고 사용해 버리기 때문입니다.

몸이 보내는 자연스런 식사 요청을 계속 무시하면 신진대사에 변화가 생깁니다. 신진대사가 빠르면 하루 동안 더 많은 칼로리를 소모할 수 있지만, 배가 고파도 먹지 않으면 신진대사가 느려져 신체가 에너지를 쌓아두려고 합니다.

이런 몸의 변화는 일종의 무기력을 불러옵니다. 이런 상태를 대부분의 사람은 가벼운 우울증 증세로 느끼기도 합니다. 배가 고파도 먹지 않으면, 무의식 속에서는 음식에 대한 기형적인 사고 패턴이 형성됩니다.

음식을 둘러싼 미묘한 긴장감은 뇌에 강력한 신경 화학적 변화를 일으켜 잘못된 배고픔 신호를 보내고, 음식에 대한 갈망과 폭식을 초래합니다. 몸의 메시지를 덜 신뢰하면서 몸의 메시지를 잃어버리는 악순환이 시작되는 셈입니다.

하지만 좋은 소식이 있습니다.

우리 몸의 타고난 지혜를 재설정하기 위해
당신이 할 일은 하나뿐입니다.
정말로 배가 고플 때마다 음식을 먹는 것!

진정한 배고픔은 감정적 배고픔과는 다릅니다(4장에서 다룰 내용입니다.).

첫 번째 황금률을 읽고 나서 '하지만 나는 항상 배가 고파!' 또는 '하지만 나는 결코 배가 고프지 않아!'라고 스스로에게 말했다면, 지금 겪고 있는 배고픔이 신체적인 느낌이라기보다 감정적인 것일 가능성이 높습니다.

다행히도 몸에 귀를 기울이기 시작하면 미묘하거나 미묘하지 않은, 진정한 배고픔의 징후를 쉽게 알아차릴 수 있습니다.

폴 매케나의 체중 감량 시스템은 제가 해본 것 중 최고입니다.

— 디자이너 피터 윌킨슨

배고픔의 정도
알아차리기

이 시점에서 언제 식사를 시작하고, 언제 중단해야 하는지, 정확히 알 수 있는 도구를 소개해 드리겠습니다.

저는 이것을 '공복감의 척도'라고 부릅니다. 이 척도는 배고픔이 거의 느껴지지 않는 1부터 메스꺼움이 느껴질 정도로 배가 부른 10까지 총 10개의 단계로 나뉩니다.

지금 잠시 공복감의 척도를 살펴보기로 하죠. 자신의 몸에 귀 기울여 보세요. 지금 얼마나 배가 고픈 상태인가요?

공복감의 척도

1. 쓰러질 지경
2. 몹시 굶주려 있다.
3. 상당히 배고프다.
4. 약간 배고프다.
5. 중간 정도

6. 기분 좋을 정도
7. 포만감을 느낀다.
8. 배가 가득 차 있다.
9. 복부 팽만감
10. 메스꺼움

사람마다 다르지만 일반적으로 이 척도에서 3에서 4 사이, 즉 상당히 배가 고프거나 약간 배가 고플 때 식사를 하고 싶어 합니다. 여기서 1이나 2까지 내려가면 우리 몸은 굶주림 모드로 들어가고, 결국 몸에 필요한 양보다 더 많이 먹게 됩니다. 이때 먹은 여분의 음식이 지방으로 저장됩니다.

물론 다이어트를 꾸준히 해왔다면 몸의 신호를 무시하는 데 너무 익숙해진 데다, 배고픔에 무감각해져서 '먹는 것을 잊어버리는' 경우가 있습니다. 이런 경우라면 한 시간에 한 번씩 자신의 몸에 귀를 기울이고 1에서 10까지의 숫자를 스스로에게 부여하는 연습을 해보세요.

스스로 배고픔을 조절하는 연습을 하면 할수록, 배에서 꼬르륵 소리가 나고 뇌가 흐릿해지기 훨씬 전에 몸의 미묘한 신호를 더 빨리 인지할 수 있습니다.

체중 감량의 황금률 2번
먹고 싶은 것을 ?

저항은 소용없다

1930년대에 진행된 실험을 살펴볼까요? 과학자들은 한 그룹의 아이들에게 아이스크림부터 시금치까지 다양한 음식을 무제한으로 제공하면서, 30일 동안 먹고 싶은 음식과 시간을 정해 자신만의 식단을 만들도록 했습니다. 결과는 어땠을까요?

아이들은 각기 다른 시간에 각기 다른 음식을 선택했지만, 연구에 참여한 모든 어린이는 한 달 동안 균형 잡힌 식단으로 간주되는 음식을 먹었습니다.

이 실험 결과와 같은 예로 임신한 여성을 살펴볼 수 있습니다. 많은 여성이 임신 중에 특별한 음식이나 특정 음식을 원합니다. 아이스크림부터 절인 양파에 이르기까지 여러 다양한 음식에 식탐을 보이지요. 그 이유는 여성 자신의 몸이 태아를 성장하게 하는 데 필요한 것들을 시시각각 정확히 말해 주기 때문입니다.

하지만 어떤 음식을 먹지 말라고 스스로에게 말하게 되는 순간 (보통 몸에 나쁘다는 말을 들었기 때문에), 오히려 그 음식과의 관계에서 자연스러운 균형이 깨지게 됩니다. 그 '금지된 음식'이 덜 먹고 싶기는커녕 오히려 더 매력적으로 느껴지게 됩니다.

몸 안에서 일어나는 긍정적인 의도와 통제 사이의 내적 싸움은 (심지어 혼자서도) 지칠 수 있습니다. 음식과 화해하고 몸이 보내는 신호에 귀 기울이는 법을 배우기 시작하면, 진짜 원하는 걸 따르기 거부할 때 오는 긴장과 죄책감으로부터 자유로워집니다.

그렇기 때문에 이 시스템에는 금지된 음식이 없습니다. 배고프면 언제든 원하는 음식을 먹고, 시간을 들여서 정말 맛있게 먹는다는 조건만 있을 뿐! (황금률 3번 참조)

한 걸음 더 나아가 볼까요?

당신은 아마도 지방, 설탕, 탄수화물이 많이 들어간 음식이나 먹지 말아야 할 음식이라고 듣거나 생각한 것을 싹 버리는 식의 다이어트를 한 번쯤 해봤을 겁니다. 그러나 이제 여러분은 근본적으로 다른 지침을 갖게 될 것입니다.

오늘 이 책을 읽는 즉시 냉장고로 가서 먹고 싶지 않은 음식은 모두 버리시기 바랍니다.

다이어트 탄산음료는 버리세요.

저지방 요거트도 버리세요.

정말 좋아하지 않는 한, 무설탕 아이스크림도 버리세요.

냉장고에 먹고 싶지 않은 음식이 하나도 없으면 성공입니다.

그리고 다음번에 당신이 허기를 느낄 때, 제가 원하는 상황이 바로 그것입니다.

파스타가 먹고 싶나요? 그러면 즐기세요.

케이크와 아이스크림이 생각나나요? 그럼 드십시오.

실제로 배가 고프다면 즐기고, 즐기고, 즐기세요.

오늘부터 당신에게 절대 먹으면 안 되는 음식이란 없습니다.

그리고 정말로 무언가에 대해 '아니요!'라고 말하고 싶다면!

무설탕 골판지 맛의 쓰레기 같은 제품을 판매하는 업체에 말하세요. '아니요!' 라고요.

효과가 있어요!
얼마나 빠르고 쉽게 몸무게가 빠졌는지 놀랍습니다.

—커뮤니케이션 책임자 앤 카

체중 감량의 황금률 3번

맛을 느끼면서
한 입 한 입?

의식적인 식사

저는 과체중인 사람들에게서 재미있는 점을 발견했습니다. 그들은 실제로 음식을 먹을 때를 제외하고는 음식에 대해 생각하는 데 굉장히 많은 시간을 소비합니다. 그런 다음 실제로 씹거나 맛보지 않고 최대한 빨리 많은 음식을 입에 밀어 넣는 일종의 '먹는 무아지경'에 빠집니다.

이상하게 들릴지 모르지만 여기에는 그럴만한 이유가 있습니다. 음식을 먹거나 심호흡을 하거나 사랑을 나누는 등, 생존에 필수적인 일을 할 때마다 우리 뇌에서는 세로토닌(Serotonin)이라는 화학물질이 분비되어 행복감을 느끼게 합니다.

과체중인 사람들은 세로토닌 수치를 높이기 위해 가능한 한 빨리 음식을 입에 밀어넣는 경우가 많습니다. 안타깝게도 무의식적으로 음식을 먹기 때문에 배가 부른 것을 알려주는 위장의 신호를 알아차리지 못합니다. 그래서 그들은 계속 과식을 하고, 위를 키우고 체중을 늘립니다.

문제는 음식을 많이 먹어서 일시적으로 포만감을 느끼지만, 그 후에는 곧장 뚱뚱해지고 있다는 죄책감을 느낀다는 겁니다. 사실, 그들은 기분이 너무 불쾌해져서 방금 생긴 부정적인 감정을 마비시키거나 무마하기 위해 무의식적으로 다시 폭식을 반복합니다!

이 책에 담긴 체중 감량 프로그램의 독특한 특징 중 하나는 바로 이것입니다.

한 입 한 입,
온전히 즐기기만 하면
언제든
원하는 음식을
마음껏
먹을 수 있습니다.

이 사실은 아무리 강조해도 지나치지 않습니다. 맛을 음미하고 한 입 한 입 씹을 때마다 느껴지는 놀라운 식재료의 질감과 감각을 즐기라는 뜻입니다. 물론 음식을 온전히 즐기려면, 자신이 음식을 먹고 있다는 사실을 알아차려야 합니다.

엄청나게 체중을 감량하고도 멋지고 건강해 보이는 친구를 만난 일이 기억납니다. 그녀는 하루에 1,000파운드(우리 돈으로 약 172만 원가량)나 하는 극동 지방의 호화 리조트에서 이제 막 막 돌아왔다고 하더군요. 저는 그녀에게 어떤 프로그램으로 체중 감량에 성공했는지 물었습니다.

그들이 제공한 프로그램은 식사 속도를 늦추고 음식 냄새를 맡고, 맛을 보고, 씹는 과정을 더 의식하도록 가르치는 것이었다고 합니다. 매 끼니는 명상과 같았고, 매 식사마다 맞은편에 앉아서 '한 입 한 입 천천히 음미하라'고 끊임없이 상기시켜 주는 사람이 배정돼 있었다더군요.

이렇듯 입속의 음식을 즐기는 새롭고 긍정적인 습관을 들이는 데 도움이 될 간단한 방법이 있어서 소개해 드리고자 합니다.

앞으로 2주 동안

식사 속도를

기존의 4분의 1 수준으로 늦추고

한 입 먹을 때마다

꼭꼭 씹어 드세요.

한 입 먹을 때마다 나이프와 포크를 내려놓는 것이 매우 중요합니다. 그래야 신체가 무엇을 하는지 알아차릴 시간을 가질 수 있습니다. 물론 수저를 사용하지 않는다면 샌드위치에서 손가락을 떼어내어 한 입씩 먹을 때마다 내려놓으세요. 입속에 음식이 없어지면 다시 먹으면 됩니다.

이렇게 하면 가축처럼 기계적으로 음식을 입속으로 밀어넣는 대신, 모든 음식을 미식가처럼 한 입 한 입 음미하면서 먹을 수 있습니다.

폴의 시스템이 저를 변화시켰어요. 이 시스템을 사용하기 시작한 이후로 초콜릿을 먹어 본 적이 없어요.

— 관리자 일레인 홉킨스

63
2장

음식의 맛에만 정신을 집중하라

의식적으로 먹는다는 것이 천천히 먹는 것만을 의미하지는 않습니다. 이 시스템에 익숙해질 때까지는 음식에만 집중하고 다른 것은 신경 쓰지 말아야 합니다. 최근 스위스에서 실시된 한 연구에 따르면, 눈을 가렸을 때가 평소보다 약 25% 적게 먹는 것으로 나타났습니다. 즉, 음식을 보지 않고 맛과 질감에 온전히 집중할 때 실제로 덜 먹는다는 것입니다.

이 사실은 내가 진행하고 있는 체중 감량 세미나에서 발견한 것과 일치된 결과이기도 합니다. 세미나에 참석한 사람들은 점심 식사 후 음식이 아주 맛있다고 말하곤 합니다, 이런 느낌은 처음으로 음식을 천천히, 의식적으로 먹으면서 실제로 맛을 보고 포만감을 느낄 수 있었기 때문입니다.

유명한 저서 『나는 왜 과식하는가*Mindless Eating*』를 쓴 코넬 대학교의 브라이언 완싱크(Brian Wansink) 교수는 식사 중에 주의가 산만해지면 자신이 무얼 먹고 있는지 알아차리지 못할 뿐만 아니라, 훨씬 더 많이 먹게 된다는 사실을 실험으로 증명했습니다.

영화나 축구 경기를 보면서 팝콘이나 견과류, 과자를 먹던 때가 기억나실 겁니다. '깨어나서' 정신을 차리고 보면 처음에 배가 고팠든, 그렇지 않든, 그릇이나 봉지 전체가 사라져 버린 걸 발견합니다.

연구에 따르면 무려 91%의 사람들이 텔레비전 앞에서 식사를 한다고 합니다. 이 오래된 무의식적인 습관을 그만두는 방법은 그저 책을 읽거나 통화 중이거나 텔레비전을 보면서 먹는 일을 중단하는 것입니다. 식사하는 동안 가능한 한, 많은 방해 요소를 제거함으로써 네 번째 황금률을 알아차리고 적용하기가 훨씬 쉬워질 것입니다.

체중 감량의 황금률 4번
포만감을 느끼면?

몸의 온도 조절 장치

어렸을 때 주전자의 증기로 편지 봉투를 열어 본 경험이 있습니다. 증기가 계속 올라오게 하려면 주전자가 끓은 후에도 한참 동안 '켜기' 스위치를 누르고 있어야 했죠. 물론 주전자는 그런 식으로 사용하도록 설계되지 않았고, 곧 주전자 내부의 금속 온도 조절기가 구부러져 제대로 작동하지 않게 됐습니다.

다행히 고치는 건 꽤 쉬웠습니다. 온도 조절기를 제자리로 구부리자 다시 완벽하게 작동하기 시작했거든요.

몸의 자연스러운 상태는 배고플 때 먹고 포만감을 느끼면 멈추는 것이지만, 많은 사람이 배가 부르다고 느낄 때까지 먹거나 접시에 음식이 모두 사라질 때까지 먹는 습관이 생겼습니다.

쉽게 체중을 감량하고 감량한 체중을 유지하려면 몸을 거스르는 게 아니라 몸과 함께 운동을 시작해야 합니다. 날씬해지고 날씬한 상태를 유지하려면 '내면의 온도 조절기'에 따라 포만감을 느끼면 식사를 중단하고 하루 종일 기분 좋게 지낼 수 있도록 해야 합니다. 실제로 음식을 충분히 먹으면 위장은 '배부르다, 이만하면 됐다'는 신호를 보냅니다.

이 신호가 뇌에 도달하는 데 최대 20분 정도 걸리기 때문에, 속도를 늦추면서 식사를 하고 의식적으로 음식을 먹으면 이 신호를 즉시 알아차리기 쉬워집니다. 대부분의 사람들은 흉곽보다 아래이고 위장 위쪽에 있는 '태양신경총(Solar Plexus, 위와 장, 성기까지 복부 전체를 관장하는 자율 신경계의 가장 큰 신경 다발)'에서 명확한 신호를 경험합니다. 처음에 느끼는 포만감과 만족감을 놓쳐도 배가 부른 걸 알 수 있는 다른 방법도 있습니다.

음식을 충분히 먹은 후에는, 음식을 먹을 때마다 이전보다 맛이 점점 떨어지는 걸 느낄 수 있습니다. 이 감각에 주의를 기울이면 기울일수록 포만감을 더 분명하게 느낄 수 있게 됩니다. 만족감이 느껴지기 시작한 후에도 음식을 계속 먹으면 불편감이 뚜렷하고 점점 더 커지므로, 불편함을 느끼기 시작하면 접시에 음식이 얼마나 남았는지, 얼마나 적게 남았는지에 상관없이 즉시 식사를 중단해야 합니다.

세미나에서 이 내용을 가르치면 항상 나오는 질문이 있습니다. 많은 사람이 겁을 먹고 "10분 후에 다시 배가 고프면 어떻게 하죠?"라고 질문을 합니다. 대답은 매우 간단합니다. 배가 고프면 먹으면 됩니다.

하지만 먹어야 한다고 생각하는 음식이 아니라 실제로 먹고 싶은 것을 먹어야 하며, 의식적으로 한 입 한 입 즐기면서 먹다가 배가 부른 것 같으면 멈춰야 합니다.

폴의 시스템은 제 삶을 변화시켰습니다. 더 이상 음식에 대해 계속해서 생각하지 않습니다. 정말 감격스럽습니다!

— 비서 알렉산드라 시몬스

공복감의 척도
다시 살펴보기

다이어트를 꾸준히 해왔다면 신체 신호를 무시하는 데 익숙해져서 배가 부를 때까지 계속 먹거나, 심지어 멈출 때가 됐다는 걸 알아차리기 전에 이미 배가 부를 수도 있습니다. 그러니 공복감의 척도가 얼마나 유용한 도구인지 아무리 강조해도 지나치지 않습니다.

공복감의 척도

1. 쓰러질 지경
2. 몹시 굶주려 있다.
3. 상당히 배고프다.
4. 약간 배고프다.
5. 중간 정도

6. 기분 좋을 정도
7. 포만감을 느낀다.
8. 배가 가득 차 있다.
9. 복부 팽만감
10. 메스꺼움

우리 몸이 필요로 하고 원하는 것을 인식하는 정도는 마치 근육과도 같아서 더 많이 사용할수록 더 민감해집니다. 공복감의 척도에서 기분 좋게 만족하거나 포만감을 느끼면, 6 또는 7 정도에서 식사를 중단하고 싶어질 것입니다. 이제 정말 다시는 공복감의 척도 중에서 마지막 단계에 머물러 있지 마십시오.

몸속 신호 알아차리기

1. 정말 배가 고팠거나 심지어 굶주렸던 때를 떠올려 보세요.

   어떤 느낌이었나요?

   몸의 어느 부위에서 느꼈나요?

   지금 그 순간을 세세하게 기억해 보세요.

2. 다음으로, 정말 배가 부르다고 느꼈던 때를 떠올려 보세요.

   어떤 느낌이었나요?

   몸의 어느 부위에서 그런 느낌이 들었나요?

   다시 한번 지금 그 느낌이 어땠는지 정확하게 떠올려 보세요.

3. 준비가 되면 두 가지 감정의 차이를 비교해 보세요.

   정말 배가 고프다는 느낌은 어떤가요?

   포만감은 어떤 느낌인가요?

   두 가지 극단적인 느낌을 10회 정도 반복하여 몸이 기억하고 재

   조정할 수 있도록 도와주세요.

처음 이 훈련을 할 때는 별다른 변화가 없는 것처럼 느껴질 수 있지만, 몸과 무의식이 내면의 신호를 재조정하는 중요한 과정을 시작하고 있는 것입니다. 이 훈련을 반복할 때마다 진짜로 배가 고플 때를 알아차리고, 배가 부르면 바로 식사를 중단하는 것이 더 쉬워집니다.

평생의 습관

최근에 다이어트를 계속했지만, 매년 조금씩 살이 찌고 있어서 힘들어 하던 친구를 도운 적이 있습니다. 그 친구는 제 프로그램을 사용한지 6개월도 채 되지 않아 25kg을 감량했습니다. 처음에는 효과가 있는지 확신하지 못했지만 꾸준히 실천했고, 몇 주 후에는 옷이 더 헐렁해진 것을 느꼈습니다. 그는 NLP 기법을 사용하지도 않았고, 제가 방금 알려드린 네 가지 황금률만 알려줬을 뿐인데도 이 방법을 사용하기 시작했어요.

저녁 식사를 할 때 그는 진하고 크리미한 소스의 맛있는 파스타를 절반 정도만 먹었습니다. 음식에 문제가 있냐고 물었더니 "아니요, 맛있어요."라고 대답했어요. 하지만 "당신이 그 황금률 시스템을 가르쳐 준 이후로 더 이상 과식할 수가 없게 됐어요."라고 했습니다.

그는 생각할 필요조차 없이 자연스럽게 네 가지 황금률을 적용하게 됐다고 말했습니다. 다행히 대부분의 사람이 같은 경험을 합니다. 처음에는 의식적으로 각 단계를 배우고 적용해야 합니다. 그러나 점점 더 쉬워지기 시작하고, 어느새 몸이 원래 먹도록 설계된 방식대로 자연스럽게 실천하게 됩니다.

체중 감량과 유지에서 습관은 대부분의 사람에게 최악의 적입니다. 하지만 여러분은 다를 겁니다. 습관을 재조정하고 그것이 여러분을 위해 작동하도록 만들 것이기 때문입니다. 이 책과 녹음 파일에 담긴 NLP 기법은 거의 즉시 변화가 일어나기 시작하게 만들어 새로운 습관을 강화시켜 줄 것입니다.

당신도
접시 비우기 클럽입니까?

사람들이 배가 고프지 않아도 먹는 이유는 무엇일까요?

이 질문의 답을 실험으로 입증한 사람이 있습니다. 완싱크 교수는 대학 식당의 테이블 바닥에 두 개의 구멍을 뚫고, 그 위에 튜브를 부착한 그릇 두 개를 놓아 두었습니다. 피실험자들 몰래 접시에 스프를 계속 채울 수 있도록 하려는 계획이었습니다. 테이블 반대편에는 일반 그릇 두 개를 놓았습니다.

학생들이 식당에 들어왔을 때 그는 '두 가지 수프의 품질'에 대한 실험을 하고 있다고 말했습니다. 그러나 실제로는 똑같은 수프가 제공되었습니다. 차이점은 구멍이 뚫린 그릇에서 식사 중인 학생들은 수프를 먹으면서 자신의 그릇이 서서히 계속 채워지고 있다는 걸 알지 못한다는 것이었죠.

그들은 배가 부르다는 몸속 신호에 귀를 기울이지 않은 채, 그릇의 수프가 바닥날 때까지 계속 먹었습니다. 그 결과 다른 그릇의 스프를 먹은 학생들보다 무려 73%를 더 많이 먹었습니다.

이처럼 몸에 귀를 기울이는 데 방해가 되는 주요 습관 중 하나는 이른바 '접시 비우기 클럽'의 평생회원이 되어 있다는 겁니다. 그들은 앞에 놓인 모든 음식을 다 먹지 않으면 뭔가 잘못하고 있다고 생각합니다. 하지만 배가 고프든 맛있든 상관없이 접시의 음식을 전부 먹는 것은 맥도널드 매장에서 일하는 청소년들에게 자신의 체중 관리를 맡기는 것이나 다름없습니다.

대부분의 아이들과 마찬가지로 저도 부모님으로부터 '지구 반대편에는 굶주리는 아이들이 많다'는 이유로 접시에 있는 음식을 남기지 말고 전부 먹으라는 말을 들었습니다. 특히 성장기에 이런 미묘한 죄책감이 적지 않습니다. 물론 나중에는 그런 이야기의 모순을 깨달았습니다.

내가 과체중이 되는 게 어떻게 굶주리는 아이들에게 미안하지 않은 행동이 될 수 있는 걸까요? 뚱뚱한 내 모습을 사진으로 찍어서 '내가 적어도 음식을 버리진 않았다는 걸 알겠죠?'라는 메모와 함께 보낼까요?

부모님들의 일반적인 의견과 달리, 접시에 있는 음식을 남김없이 먹는 것은 아프리카, 인도 또는 굶주린 어린이들의 복지에 전혀 도움이 되지 않습니다. 세계 기아를 종식시키는 데 기여하고 싶다면 배고플 때 먹고, 한 입 한 입 즐기며, 배가 부른 것 같으면 멈출 수 있도록 식사량을 조절하는 방법을 배우는 게 맞습니다. 그러면 음식을 덜 먹게 되므로 다른 사람이 더 많이 먹도록 할 수 있으니까요.

　물론 '접시 비우기 클럽'의 일부 회원은 세계의 기아 문제에 그다지 관심이 없습니다. 반쯤 먹은 닭 가슴살을 접시에 그대로 두는 것에 죄책감을 느낄 수는 있겠지만요. 당신이 제아무리 소생시키려 애를 써봐도 닭 가슴살의 나머지 반쪽에 생명을 줄 수는 없습니다. 당신은 어떻게 생각할지 모르겠지만, 심판의 날에 승천했을 때 닭이 접시에 자기 몸의 절반을 남겼다는 이유로 당신을 빌 주게 할 거라고 상상하기도 어렵습니다.

　사람들이 흔히 대곤 하는 또 다른 핑계는 음식을 먹지 않고 남기면 음식을 만든 사람에게 모욕감을 줄 수 있다는 겁니다. 이럴 때 가장 쉬운 방법은 '이 책의 저자인 저를 탓하는 것'입니다.

　제가 만든 NLP 녹음 파일을 사용했고, 그레이비 소스를 곁들인 으깬 감자 6인분을 억지로라도 먹고 싶지만 제가 마음을 바꿔놓

아서, 안타깝게도 이제는 모든 음식을 절반만 먹을 수 있게 되었다고 말하세요.

접시 비우기 클럽의 평생회원 자격을 영원히 포기하는 가장 간단한 방법 중 하나는 일부러 접시에 음식을 조금 남기는 겁니다. 이렇게 하면 무의식에 새로운 메시지를 보내 자신이 변화하고 있다는 것을 확실히 알릴 수 있습니다. 일단 이 습관(식사할 때마다 접시에 음식을 조금씩 남기는 방식)이 자리 잡힌다면, 접시에 음식의 절반 이상 남겨도 포만감을 느낄 때까지만 편안하게 식사할 수 있게 됩니다. 위장에 쌓이는 음식이 줄어들고, 삶에서 통제할 수 있는 부분이 더 늘어날 것입니다.

나중에 다시 배가 고프더라도 걱정하지 마세요. 다른 접시를 가져와서 마찬가지 방법으로 약간 남겨 놓으면 됩니다.

신선한
물 한 잔

　우리 몸은 약 75%가 물로 되어 있고, 그중에서도 가장 중요한 뇌 조직은 거의 85%가 물로 되어 있습니다. 우리 몸은 수분이 부족하거나 부족할 상황이 감지될 때 수분 배급 모드로 전환됩니다. 뇌가 우선적으로 물을 공급받고, 긱 내부 기관은 기본적인 기능을 유지하는 데 필요한 만큼만 물을 공급받습니다.

　획기적인 저서인『자연이 주는 최상의 약, 물*Your Body's Many Cries for Water*』의 저자 F. 뱃맨겔리지(F. Batmanghelidj) 박사에 따르면, 일반적으로 느끼는 통증과 고통은 실제로 대부분 탈수를 대비한 전조 증상이라고 합니다. 때때로 무엇을 먹어도 만족감이 들지 않는 이유도 이 때문입니다.

이 '갈증 신호'와 진짜 배고픔을 구분하는 것은 사실상 불가능합니다. 그렇기 때문에 배가 고프다는 느낌이 들 때 신선한 물 한 잔을 먼저 마시는 것이 좋습니다. 물을 마신 후에도 배가 고프지 않다면 갈증 때문이고, 여전히 배가 고프다면 그때 먹기 시작하십시오.

앞으로 2주 동안
일어나는 변화

약간 이상하게 느껴질 것입니다

어떤 사람들은 천천히 음식을 음미하며 한 입 한 입 씹고 있으면 다른 사람이 자신을 쳐다보는 것 같아서 약간 멋쩍었다고 합니다.

이런 속담이 있죠.

'다른 사람들이 나를 어떻게 생각하는지 안다면, 지금보다 훨씬 덜 걱정할 것이다.'

대부분의 사람은 자신만의 생각에 너무 심취해 있어서 당신 입에 무엇이 들어가는지, 심지어 자신의 입에 무엇이 들어가고 있는지도 알지 못합니다.

오래전부터 당신이 다이어트 중인 것을 아는 사람이라면, 당신

접시 위에 피자, 베이컨, 초콜릿이 놓인 걸 보고 '이번에는 또 다른 다이어트를 시작한 걸까.'라고 생각하면서 비웃을 수도 있겠죠.

하지만 이번에는 당신이 승자입니다. 당신은 음식을 음미하면서 식사하는 일이 익숙해질수록 점점 더 음식 맛도 좋아지고, 스스로 음식을 조절할 수 있다는 데서 오는 놀라운 만족감을 누리게 될 것이기 때문입니다.

현대 사회는 식사와 몸의 이미지에 관한 혼란스러운 메시지로 가득 차 있습니다. 이런 사회에서는 '정상'으로 생각되는 것이 실제로는 자연스러운 것과는 거리가 멀 수 있습니다.

새롭고 직관적인 방식으로 식사를 하도록 자기 몸에 관한 프로그램을 다시 짜는 일이 처음에는 다소 이상하게 느껴질 수 있습니다. 하지만 실제로는 더 자연스러운 식습관으로 나아가고 있다는 사실을 인식해야 합니다. 일반적인 다이어트와 달리, 배고프면 먹고 배부르면 그만 먹는 가장 자연스러운 방법이기에 지속 가능하기까지 합니다.

기분이 좋아질 것입니다

세계에서 가장 간단한 체중 감량 시스템을 사용하는 사람들이 보고하는 가장 큰 잇점은 기분이 좋아진다는 것입니다. 몸도 마음도 모두 좋아지면서 이런 변화들까지 생깁니다.

- 난생처음 음식을 잘 조절할 수 있게 됐다.
- 무엇을, 언제 먹을까 걱정하는 압박감이 사라졌다.
- 음식에 집착하는 노예 상태에서 벗어났다는 사실에 해방감을 느낀다.
- 정말 쉽게 체중을 감량할 수 있다는 것을 알게 됐다.
- 날씬한 사람들과 내가 가진 체중 감량 능력이 같다는 것을 알게 됐다.

실제로 이제 당신도 체중 감량이 얼마나 쉬운지 알고 놀라게 될 겁니다. 음식에 대해 걱정하는 데 많은 에너지를 소비하지 않기 때문에 생활에 더 많은 에너지를 사용할 수 있습니다. 이 여분의 에너지야말로 시스템이 완벽하게 작동하고 있다는 증거입니다.

효과에 놀랄 것입니다

이 시스템으로 체중 감량에 성공한 몇몇 사람조차 처음 몇 주 동안은 이 방법이 정말 효과가 있는지 확신할 수 없었다고 합니다. 오히려 이전보다 더 많이 먹거나 영양적으로 균형 잡힌 식사를 하지 않는 것 같고, 별다른 차이가 없는 것 같다고요.

하지만 진정하세요!
이 네 가지 황금률만 지키고 있다면
효과는 있습니다.

이전에 해왔던 것과는 너무 다른 행동을 하고 있기 때문에 의구심이 생기는 건 당연합니다. 하지만 곧 에너지가 생기고 옷이 잘 맞는 약간의 변화가 생기면서 전체적으로 행복감이 들기 시작했다면, 모든 것이 완벽하게 작동하고 있는 것입니다.

이미 당신은 갖가지 방법으로 다이어트를 해 왔습니다. 하지만 효과가 없거나 짧은 기간만 효과가 있었다는 걸 기억하세요. 그러니 앞으로 2주 동안은 여기서 제안하는 방법에만 전념해 보십시오. 그 기간 동안 체중을 제외하고는 잃을 것이 없을 겁니다.

언젠가는 저의 지시를 잊어버리고, 네 가지 황금률 전부는 아니라도 적어도 하나는 어길 것입니다

어느 날 바쁘게 음식을 먹어치우거나, 간식을 배불리 먹거나, 폭식을 하는 것 같은 실수를 한두 번은 할 수 있다는 걸 미리 알려 드립니다. 그때 다음 중 하나를 선택할 수 있을 것입니다.

하나는 과거에 그랬던 것처럼 자신을 책망하고 포기하면서 '나는 쓸모없는 쓰레기이고, 절대 변하지 않을 것'이라며 스스로 비하하는 것입니다.

다른 하나는 긴장을 풀고 미소를 지으면서, 이런 일이 있을 거라고 미리 알려준 저의 말을 떠올리고 배가 고프면 먹고, 자신이 먹고 싶은 것을 먹으며, 입속의 음식을 한 입 한 입 즐기면서 먹고, 포만감을 느끼면 그만 먹는 것입니다. 무슨 일이 일어나든지 간에, 언제나 제가 지시한 사항으로 돌아가서 그대로 따르는 것을 말하지요.

둘 중 후자를 선택한다면, 당신은 평생 기분 좋게 살아갈 수 있습니다.

몸무게를
재지 마세요

마지막으로 한 가지 주의 사항을 말씀드리겠습니다. 수년 동안 체중 감량 고객을 상대하면서 얼마나 많은 사람들이 체중에 집착하는지 알게 되었습니다. 어떤 사람들은 매일 체중을 재기도 하고, 매 식사 후에 체중을 재면서 점심 시간 이후 갑자기 몇 kg이 빠질 수 있을 것처럼 긴장하는 사람들도 봤습니다.

하지만 매일 체중을 체크해서는
정확한 감량 수치를 알 수 없습니다.

체중계에 올라갈 때마다 기분이 나빠지는 것은 당연합니다. 모든 사람의 체중은 언제나 오르락내리락합니다. 심지어 날씬한 사람도 마찬가지입니다. 실제로 천성적으로 날씬한 사람들은 체중을 재는 일이 거의 없습니다. 체중을 물어도 그들은 곧장 자기 체중을 말하지 못하는 경우가 다반사입니다.

체중은 환경적 요인, 수분 보유량, 심지어 기압에 따라 15kg까지 차이가 날 수 있기 때문에 가장 신뢰할 수 없는 척도로도 볼 수 있습니다. 따라서 앞으로 2주 동안은 체중을 측정하지 마시기 바랍니다.

실제로 저는 평생 체중계를 사용하지 않아도 좋다고 권합니다. 눈으로 봐도 날씬해 보이기 때문에 그 자체로 이미 날씬한 겁니다. 자신감까지 생겼다면 그보다 확실한 것도 없습니다. 하지만 그렇다 해도 체중을 꼭 재야겠다면, 최소 2주 이상 간격을 둘 것을 추천합니다.

비행기는 직선으로 비행하지 않습니다. 비행 시간의 90%는 점선처럼 정교하게 그려진 항로에서 이탈하지만, 조종사는 어디로 가고 있는지를 정확하게 알고 있습니다. 체중 감량도 마찬가지입니다.

어떤 날은 다른 날보다 체중이 더 나가고, 어떤 날은 덜 나갈 수 있습니다. 하지만 이 시스템을 꾸준히 사용하면서 원하는 지점에 목표를 두고 있다면, 체중을 줄이고 감량을 유지할 수 있습니다.

정말 그렇게
간단할까요?

그렇습니다. 이 시스템의 네 요소를 다시 한번 살펴보시죠.

1. 배가 고프면 드세요.

2. 먹어야 한다고 생각하는 음식 말고 먹고 싶은 것을 드세요.

3. 맛을 느끼면서 먹고, 한 입 한 입 즐기세요.

4. 포만감을 느끼면 그만 드세요.

체중을 감량하고 평생 유지하기 위해 필요한 것은 이것뿐입니다. 그리고 정말로 날씬해지고 싶어 하는 사람에게는 조금 더 간단한 방법도 있습니다. 먹는 방식을 단 한 가지만 바꾸고 싶다면요.

맛을 느끼면서 먹고,

한 입 한 입 즐기세요.

이 한 가지 요소에 집중하면 다른 모든 요소는 제자리를 찾을 수 있는데, 그 이유는 다음과 같지요.

- 정말 배가 고프지 않으면 음식의 맛을 제대로 느낄 수 없고, 맛있게 먹을 수도 없습니다.
- 정말 먹고 싶은 음식을 먹어야 음식을 진짜로 즐길 수 있습니다.
- 배가 부른 상태에서 식사를 계속하면 음식의 즐거움은 사라집니다.

? 자주 묻는 질문

Q. 배가 부른지 알 수 없는 경우에는 어떻게 하나요?

게이 헨드릭스(Gay Hendricks)는 그의 저서 『활기를 얻는 법 *Achieving Vibrance*』에서 신체 메커니즘상의 'V 스팟'에 관해 설명하고 있습니다. 이것은 흉곽 바로 아래, 몸의 중앙에 있는 태양신경총에 자리하고 있지요.

V 스팟은 위장으로 가는 음식물의 흐름을 제어하도록 설계된 근육이지만, 대부분 그다지 강하지는 못합니다. 그러나 몸이 나타내는 신호에 점점 더 민감해지면, 음식물을 충분히 섭취했을 때 V스팟이 닫히는 것을 느낄 수 있습니다.

배가 부른 것 같다는 생각이 들면, 식사를 중단하십시오. 착각한 것 같다 해도 걱정할 필요가 없습니다. 언제든 배가 고프면 다시 먹으면 됩니다.

Q. 배가 고플 때 음식을 먹으면 된다는 게 참 다행이에요. 하지만 먹고 싶은 걸 먹으면 죄책감이 들어요. 그런 느낌 없이 먹을 수 있을까요?

전혀 문제없습니다. 다이어트 산업이 만든 최악의 결과가 바로 이 죄책감입니다. 다이어트에 성공한 사람 중에는 음식을 즐기다가도 또다시 다이어트를 하게 돼서 배고픈 날을 보낼까봐 두려워하는 경우가 있습니다.

우리 몸은 음식을 먹어서 움직일 수 있도록 만들어졌습니다. 몸에 귀 기울이는 방법만 알면 몸의 신호를 들을 수 있지요. 실제로 원하지 않는 음식을 먹으면서도, 누군가 내게 필요한 것을 더 잘 알기에 따라야 한다고 착각하곤 합니다. 그러나 이건 광고업계에서나 좋아할 얘기지, 체중 감량 분야에서라면 재난을 일으키는 마인드입니다.

Q. 아무리 노력해도 접시 비우기 클럽을 탈퇴할 수 없을 거 같은데, 더 좋은 방법이 있을까요?

당신은 아직도 스스로 자신의 의지력을 약화시키려는 것 같습니다. 마치 못을 박으면서 드라이버만 가지고 박으려는 것처럼요.

드라이버가 유용한 도구가 아니라는 뜻이 아니라, 하려는 일에 맞지 않는 도구를 쓰려고 든다는 말입니다.

체중 감량에는 의지보다는 상상력을 사용하면 거의 노력이 필요 없답니다. 정말 어쩔 수 없으면 이 방법을 써 보세요.

음식을 먹기 전에 몇 조각 잘라내어 버리거나 다른 접시에 담아서 웨이터에게 가져가 달라고 하세요. 그 다음에 남은 접시에 있는 음식을 다 먹어도 좋습니다. 실제로 모두 먹을 만큼 배가 고프다면요.

그럼에도 불구하고 반만 먹고 남긴 닭고기가 마음에 걸린다면, 6장에 소개될 방법으로 불필요한 죄책감을 없애고 건강한 몸과 더 건강한 삶으로 나아가기 바랍니다.

60kg을 감량한
클레어 싱의 이야기

BEFORE

AFTER

저는 어른이 된 후 줄곧 체중 때문에 고생을 했습니다. 하루 동안 먹은 음식이 뭔지 물으면 답을 했겠지만 한두 가지는 빼먹었을 거예요. 실제로 아무 생각 없이 먹었기 때문이죠.

저는 음식의 종류에도 관심이 없었고, 사실 배가 고픈지 아닌지도 생각하지 않았어요. 엄마가 크리스마스 선물로 폴의 워크샵 수강료를 내주셨어요. 손해 볼 게 없으니 가보자 생각했죠.

저는 그날을 절대 잊지 못할 거예요. 마치 누군가 저를 깨우며

'여기 답이 있다'고 말해 주듯, 간단하고 감동적인 어떤 엄청난 계시 같다는 생각을 했어요.

태어나서 처음으로 음식을 먹기 전과 먹는 동안, 제가 먹은 음식에 대해 생각하기 시작했습니다. 저는 헬스장에 다니기 시작했고, 개인 트레이너인 마이크의 도움을 받았습니다. 운동은 저의 새로운 '정상적' 생활 패턴에 자연스럽게 따라온 것 같았어요.

저는 이제 음식을 완전히 다른 방식으로 바라보게 됐습니다. 음식은 몸을 위한 연료라는 것을 알게 되었죠. 폴의 워크샵에 참석한 이후로 제 식사량은 크게 줄었습니다.

먹는 음식에 대해 생각하고 더 쉽게 포만감을 느낍니다. 정크푸드를 먹지 않게 되었고 요리 실력도 좋아졌어요. 살이 많이 빠져서 기분이 나아졌을 뿐만 아니라 몸과 더 잘 조화를 이루게 되었고, 더이상 건강이 나빠지거나 소화 기능이 좋지 않아 고생하지 않게 되었어요.

저는 여전히 폴의 CD를 듣고 있습니다. 마음을 다시 집중하는 데 유용하고 힘이 됩니다. 인생을 바꾼 경험에 항상 감사할 거예요. 마치 누군가가 앞으로의 인생에 필요한 열쇠를 준 것 같아요.

I'M LOOKING

FOR

A WAY TO STAY

SLIM

FOREVER

3장

날씬한 몸매로
마음의 프로그램 짜기

평생의
습관

　　과거에 당신은 현명한 식사를 위해 최선을 다했지만, 그 노력을 계속 유지할 수 없던 때가 많았을 겁니다. 그리고 그럴 때마다 어떤 식으로든 자신의 잘못이라고 생각했을 것입니다. 의지력이 더 강했다면 과체중이 되지 않았을 거라 생각했을 테죠. 이제 저는 과학적 데이터를 근거로 이 문제를 완전히 해결하겠습니다.

　　사실 의지력만으로 습관을 고친다는 건 거의 불가능합니다. 의지력이 아니라 마음의 프로그램을 다시 짜야 합니다. 올바른 프로그램을 사용하면서 올바른 일을 하는 것은 쉽습니다. 그러나 잘못된 프로그램으로 마음속을 채우고 있는 한, 습관을 고친다는 건 너무 어렵습니다.

수년 동안 저는 사람들이 평생 갖고 있던 강박을 단 몇 분 만에 바꿀 수 있도록 도왔고, 아무리 지독한 중독도 효과적인 프로그램으로 바꾸면 치료할 수 있다는 사실을 증명해 왔습니다. 물론 각 사람마다 조금씩 차이가 있을 수도 있지만요.

여기서 한번 생각해 보죠. 영구적인 변화를 이렇게 빠르게 할 수 있다면, 왜 지금껏 당신은 그렇게 할 수 없던 걸까요? 이 모든 것은 간단한 심리적 원리 때문입니다

상상력은 의지보다 훨씬 더 강력합니다.

초콜릿 케이크 한 조각(또는 좋아하는 음식)이 눈앞에 있다고 상상해 보세요. 그런 다음, 그것을 먹지 않겠다고 온 힘을 다해 스스로에게 말하세요. 그런 다음 혀 위에서 녹아내리는 초콜릿 한 조각의 맛을 상상해 보세요. 의지가 약해지는 것이 느껴지나요?

이제 다시 한번 초콜릿 케이크(또는 좋아하는 음식)가 눈앞에 있다고 상상해 보세요. 이제 케이크가 구더기, 즉 끈적끈적하고 꿈틀거리는 구더기로 덮여 있다고 상상해 보세요. 구더기에서 나는 악취가 느껴지나요?(아니면 케이크에서 나는 악취일까요?) 케이크에 대한 식욕이 약간 줄어들었나요?

이것이 바로 상상력의 힘입니다. 실제로 무엇을 먹을지에 대한 최선의 결정을 내리는 것은 상상력을 통해서입니다. 식당에서 메뉴를 읽을 때, 우리는 무엇을 먹을지 결정하기 전에 모든 음식을 머릿속으로 맛보게 됩니다. 그렇기 때문에 레스토랑에서는 식욕을 돋우는 용어로 설명하기 위해 많은 노력을 기울입니다. 예를 들어, '살짝 볶아 레몬 소스를 곁들인 부드러운 가자미 구이'와 '죽은 생선' 중 어떤 것을 오늘 저녁 식사로 드시겠습니까?

폴의 시스템을 통해 저는 더 많은 통찰력을 얻었습니다.
무엇을 먹느냐가 아니라 어떻게 먹느냐가 중요해요!

— 의사 애니 엘리엇

어떤 몸을
원하세요?

지금 스스로에게 물어보세요.

나는 어떤 몸을 원하는가?

당신은 대부분의 사람이 그렇듯 '살을 빼고 싶다.', '러브 핸들(옆구리 지방)을 없애고 싶다.', '너무 뚱뚱하지 않았으면 좋겠다.'라고 대답할 것입니다.

인생에서 가장 기본적인 심리 법칙 중 하나는 '주의를 집중하면 더 많은 것을 얻을 수 있다.'라는 것입니다. 그럼에도 앞의 사례에서 당신은 그것을 이해하기 위해 원하지 않는 것에 정신을 집중하지 않을 수 없었습니다. 감량하고픈 체중, 증오스러운 허리 군살, 버리고

101

싶은 지방 같은 것 말입니다. 이런 말 자체는 뚱뚱하다는 이미지를 강화시킬 뿐만 아니라 무력하고 절망적이며 의욕마저 잃게 만드는 경향이 있습니다.

날씬하고 튼튼하며 건강한 몸처럼 자신이 원하는 것에 정신을 오롯이 집중하면, 가능한 모든 기회를 찾고 탐색하라는 메시지가 무의식에 전달됩니다. 자신이 원하는 게 뭔지 명확히 하고 선명하게 상상함으로써 몸과 마음이 그것을 이루도록 만드는 과정을 시작하는 것입니다. 구체적일수록 효과가 더 큽니다. 그냥 날씬해지고 싶다고 생각하면, 당신의 마음은 이런 생각을 '1파운드(약 450g) 감량하고 싶다'는 의미로 해석할 수 있습니다. 그러니 원하는 것이 무엇인지 정확히 설명하세요.

예를 들자면 이런 식이죠.

앞으로 4개월 동안 4킬로그램을 감량하고 싶습니다.

또는 이런 겁니다.

55 사이즈 원피스를 편안하게 입고 싶어요.

그리고 제가 가장 좋아하는 말은 이겁니다.

알몸으로도 멋있어 보이고 싶어요!

내가
원하는 몸으로

목표에 도달하기 위해 필요한 것은 오직 이것뿐입니다.

1. 배고플 때 드세요.

2. 실제로 먹고 싶은 것을 드세요.

3. 맛을 느끼면서 먹고, 한 입 한 입 즐기세요.

4. 포만감을 느끼면 그만 드세요.

그렇다면 왜 계속 읽어야 할까요?

다음에 소개하는 기술을 사용하면 전체 프로세스가 훨씬 더 쉽게 이루어지고, 자신에 대해서도 눈에 띄게 좋은 기분을 느낄 수 있기 때문입니다.

우리는 먹는 것뿐만 아니라
생각하는 것에도 영향을 받습니다.

1960년대의 유명한 성형외과 의사인 맥스웰 몰츠(Maxwell Maltz)는 수술 후 환자들의 자존감과 자신감 수준이 급격히 상승하는 사례들을 숱하게 발견했습니다. 그러나 몇몇 사람은 수술 후에도 별 다른 차이가 없는 것 같았습니다. 몰츠 박사는 탐구 끝에 행복지수의 변화를 경험하지 못한 환자들은 '내면에 상처가 있다'고 결론 내렸습니다.

그들은 스스로를 무가치하거나 나쁘거나 절망적이라 생각했습니다. 겉모습은 변했지만 내면의 자신에 대한 이미지까지 달라진 것은 아니었습니다. 그들은 '피폐한 자아상'을 갖고 있었습니다.

자아상(self-image)은 상상 속에서 자신을 보는 방식입니다. 얼마나 의욕적이고 똑똑하며 자신감 넘치는지부터, 얼마나 많은 체중을 얼마나 유지하거나 줄일 수 있느냐에 이르기까지, 자신에 대한 모든 것을 결정하는 청사진입니다.

자아상이 우리의 행동에 강력한 영향을 미치는 이유는 생각이 스스로를 변화시킬 수 있기 때문입니다. 예를 들어, 당신은 일반적으로 잘생겼다고 할 수는 없어도 매력적인 아우라를 가진 사람들을 만

나빴을 겁니다. 그들은 그들 스스로 매력적이라고 생각하기 때문에 자신을 잘 가꾸고, 자신의 가장 매력적인 특징을 돋보이게 하는 옷을 입으며, 누구에게나 자신 있게 말합니다. 이런 자신감은 다른 사람들에게 매력적으로 보이고, 긍정적인 반응을 이끌어 내기 때문에 자기 자신을 더 매력적으로 만듭니다.

반대로 자신을 매력적이지 않다고 생각할 경우에는 매력적으로 보일 수 있는 모든 노력을 스스로 방해하게 됩니다. 자신이 매력적이지 않다고 생각한다면, 굳이 시간을 들여 치장할 이유가 없어집니다. 자신이 최상의 모습을 보이려고 노력하지 않는다면, 사람들도 그를 매력이 없는 사람이라고 생각하게 됩니다.

자아상은 그것이 어느 쪽이든, 자신이 믿는 자신과 일관되게 행동하도록 안내함으로써 역할을 '증명'합니다. 과체중인 사람들은 열에 아홉은 자신이 항상 뚱뚱할 거라는 자화상을 갖고 있습니다. 날씬해지고 싶다고 말하지만, 마른 사람은 자신과 다르다고 생각하여 거의 다다를 수 없을 것 같다고 여기는 경우가 많습니다.

이런 패턴을 바꿀 수 있을까요?

네, 가능합니다. 다만 자신이 원하는 것에 주의를 집중하는 습관을 들이면 됩니다. 좋든 싫든, 매력적인 몸매를 가진 자신을 생각하는 데 익숙해져야 합니다!

105

나는 날씬하다

최근 미국과 유럽에서 한 연구에 따르면, 시각화가 체중 감량 능력을 극적으로 향상시킨다는 사실이 밝혀졌습니다. 날씬한 자신의 모습을 생생하게 상상하고 이상적인 체중으로 가는 길을 연습하면 에너지 수준, 동기 부여, 신진대사에 영향을 미치는 메시지가 뇌에 전달됩니다.

이런 변화는 육체적인 감각을 깨우고, 이것은 다시 생각과 감정에 영향을 미치며 뇌의 프로그램을 강화시킵니다. 이 같은 일련의 변화는 긍정적인 피드백 시스템이기 때문에, 시스템의 모든 요소는 체중 감량이 일어날수록 당신의 기분이 좋아지는 결과를 가져다줍니다.

다음 두 가지 훈련으로 시각화를 해 보세요.

모든 사람은 이미 이 능력을 갖고 있습니다. 다음 질문에 답해 보면 알 수 있습니다.

1. 우리 집 현관문은 어떤 모습인가요?

2. 어떤 색인가요?

3. 손잡이는 어느 쪽에 있나요?

이 질문에 답하려면 상상 속으로 들어가 시각화를 해야 합니다. 99%의 사람들은 머릿속 이미지가 진짜와 똑같지는 않을 것입니다. 하지만 상관없습니다. 오히려 머릿속 그림과 실제 세상을 구분하지 못하는 사람이 문제가 있습니다.

내가 원하는
몸매 상상하기

여기서 체중 감량과 유지에 도움이 되는, 간단하지만 강력한 무
의식 훈련을 알려드리겠습니다. 이 훈련을 시작하기 전에 먼저 모든
단계를 읽어 보세요.

1. 지금, 날씬하고 행복하며 자신감 넘치는 자신의 모습이 담긴
   영화를 보고 있다고 상상해 보세요.

2. 날씬해진 당신이 일상적인 일들을 쉽게 해내고 성취감을 느
   끼는 모습이 보입니다. 적당한 양을 먹고, 규칙적으로 몸을
   움직이고, 감정적 욕구를 빠르고 쉽게 처리하는 새로운 당신
   을 지켜보세요.

- 당신은 어떤 이야기를 하나요?
- 어떤 목소리 톤을 사용하나요?
- 그들은 어떻게 행동하나요?
- 당신은 어떻게 움직이나요?

3. 그 영화가 아직 당신이 원하던 그대로가 아니면, 조정을 해서 기분이 좋아질 수 있도록 만드세요. 직관에 맡기세요.

4. 영화 속 당신이 만족스러우면 그 안으로 들어가세요. 그리고 새로운 관점과 행동 방식을 받아들이세요.

5. 이제 영화를 계속 실행하면서 당신이 모든 상황 속에 들어가 있다고 상상하고 새로운 관점으로 바라보세요. 새로운 관점을 갖는다는 것이 어떤 느낌인지, 그리고 그 관점을 통해 무엇을 성취하는 데 도움이 될지 생각해 보세요. 이제 모든 일이 훨씬 더 나아지고 있는 것 같나요?

반복과 반복

반복이 성공의 열쇠라는 사실을 잊지 마세요.

어떤 행동을 반복하면 뇌에 신경 경로가 만들어지고, 반복이 일어날 때마다 그 신경 경로가 강화됩니다. 자신을 날씬하고 건강하다고 생각하면 무의식에 날씬한 사람처럼 행동하고 느끼고 먹으라는 신호를 보내는 것입니다. 몸이 가벼워지면 활기차고 생동감 넘치는 기분을 더욱 민감하게 느낄 수 있습니다.

매일 아침 이 상상을 하면, 얼마 지나지 않아 습관이 될 것입니다. 이 훈련을 더 많이 할수록 더 빨리 기분이 좋아지고, 자신에 대해 느끼는 방식이 더 좋게 바뀔 것입니다. 이 훈련을 할 때마다 이상적인 체중에 한 걸음 더 가까워질 것입니다.

이 훈련은 마음을 목표에 집중시켜 더 강력하고 점점 더 거부할 수 없게 만들어 더 이상 먹고 싶지 않은 음식에 '아니요!'라고 말하고, 먹고 싶은 음식은 '네!'라고 자신 있게 말하며 이상적인 체중에 한 걸음 더 가까워졌다는 것을 알게 해줍니다. 더불어 NLP 녹음 파일을 들을 때마다, 날씬해지는 스스로의 모습을 볼 때마다 당신이 받는 보상의 효과는 더욱 강화될 것입니다.

Q. 마음의 눈으로 제 자신을 보기가 어려워요. 어떻게 해야 할
까요?

그냥 NLP 녹음 파일을 계속 들으면서 나머지는 저한테 맡기세
요. 레스토랑에 가서 자기가 요리를 하지 않잖아요? 편안히 앉아 긴
장을 풀고 NLP 녹음 파일의 강력한 암시가 제 역할을 하도록 내버
려두기만 하면 됩니다.

최소 2주 동안 하루에 한 번 이상 듣다 보면, 몸과 마음이 이미
더 나은 방향으로 변화하기 시작했을 것입니다.

Q. CD를 듣다가 잠이 들어요. 그래도 효과가 있을까요?

그렇습니다. 어떤 면으로는 깨어 있어서 집중해서 들을 때보다
훨씬 더 효과가 큽니다. 아무리 깊이 잠든 초보 엄마라도 아기가 울

기 시작하면 즉시 깨어납니다. 마찬가지로, 몸이 잠든 동안에도 무의식은 듣고 있습니다.

CD나 NLP 녹음 파일에 담겨 있는 모든 긍정적인 메시지는 무의식 속으로 직접 전달됨으로써, 들을 때마다 음식과의 새롭고 건강한 관계를 강화시켜 줍니다.

127kg 이상을 감량한
질리언 헌터의 이야기

BEFORE   AFTER

저는 175kg이었고 과체중, 무기력, 자존감 결여, 집중력 저하와 극심한 우울증 속에 있었습니다. 죽거나 행동하거나 해야 할 때였습니다.

저는 웨이트 워처스(다이어트 식단과 운동법, 멘토링 서비스를 제공하는 미국 최대 규모의 회원제 다이어트 업체)에 등록했습니다. 목표 체중에 도달했지만, 머릿속은 온통 음식에 대한 생각뿐이었어요. 얼마 지나지 않아 체중이 다시 늘어났고, 결국 190kg이 넘는 역대 최고 몸무게에 도달했습니다.

그때 폴 매케나의 '쉬운 체중 감량' CD를 구입해 집에서 편안하게 들었습니다. 얼마 지나지 않아 저는 긍정적인 의지로 가득 찼습니다. 음식과 내 몸에 대한 태도를 바꾸기 시작했습니다. 내 몸의 신호를 듣고 이해하는 방법을 배웠습니다.

그때부터 체중이 빠르고 쉽게 줄어들기 시작했습니다. 저는 목표 체중인 63.5kg에 도달했고, 그 상태를 유지하고 있습니다.

4년이 지난 지금도 제 몸무게는 여전히 63.5kg이며, 음식과 먹는 행위는 더 이상 제 머릿속을 온통 차지하고 있지 않습니다. 예전의 식습관이 바뀌었습니다. 저는 이제 채식주의자가 되었고, 새롭게 찾은 자신감 덕분에 직업과 운동 방식도 바뀌었습니다. 몸무게를 걱정할 필요가 없어지면서 생긴 새로운 자신감은 저를 긍정적인 인생관을 가진 사람으로 만드는 데 도움이 되었습니다.

I'M LOOKING

FOR

A WAY TO STAY

SLIM

FOREVER

4장

기분을 바꾸려고
음식을 먹지 말 것

정서적 공복감
알아차리기

다이어트를 하는 많은 사람이 저지르는 가장 흔한 실수는 정서적 공복감과 육체적 공복감을 혼동하는 것입니다. 이 둘은 놀라울 정도로 비슷하기 때문에 우리 몸의 반응에 익숙해지기 전까지는 구별이 어렵습니다.

실제로 사람들은 배가 고프지 않아도 부정적인 감정을 감추거나 마음의 공허함을 채우기 위해서 음식을 먹습니다. 그렇기 때문에 배가 부르면서도 계속 먹게 되는 경우가 많습니다.

다투고 나서 기분을 풀기 위해 초콜릿을 먹었거나, 길고 힘든 하루를 보낸 후 집에 돌아와 아이스크림으로 기분을 전환하기로 결정했을 수도 있습니다. 심심해서 갑자기 치즈와 크래커 한 접시가 생각났을 수도 있습니다. 하지만 제 친구 마이클 닐의 말처럼 '세상에 당

신을 충만하게 하고 충분히 사랑받고 있다고 느끼게 해 줄 만큼 큰 쿠키는 없습니다.'

다음은 정서적 공복감과 육체적 공복감을 명확하게 구분하는 데 도움이 되는 몇 가지 기준입니다.

1. 정서적 공복감은 갑작스럽고 맹렬하며, 육체적 공복감은 점진적 이고 지속적이다

갑작스러우면서도 맹렬한 식욕을 느껴본 적 있나요? 그때의 마음을 들여다보면, 배고픔이 닥치기 불과 몇 초 전까지 마음과 논쟁을 벌이고 있었다는 걸 깨달을 수 있습니다.

내면에서 일어나는 감정을 외면하고 싶은 나머지, 사람들은 음식으로 그 감정을 묻어 버리려고 합니다. 몸에서 일어나는 감정을 다루지 않기 위해 사람들은 음식으로 그 감정을 묻어버리는 법을 배웁니다.

반면에 육체적 배고픔은 점진적으로 나타납니다. 배를 움켜쥐는 듯한 느낌이 들거나 심할 경우 속이 울렁거릴 수도 있습니다. 배고픔을 계속 무시하면 어지러움이나 슬픔, 분노, 피곤함을 느낄 수 있습니다. 연료가 필요하다는 몸의 '힌트'를 일찍 알아차릴수록 이 두 가지 신호를 구분하기는 더 쉬워집니다.

2. 정서적 공복감은 음식으로 채울 수 없지만, 육체적 공복감은 채울 수 있습니다.

계속 먹으면서도 만족감을 느낄 수 없다면, 이는 음식이 필요한 것이 아니기 때문입니다. 이때는 감정을 바꿔야 할 차례입니다. 기분이 좋아지고자 배가 고픈 것이라면(또는 적어도 나쁜 감정을 일시적으로 가리기 위한 갈망이라면) 아무리 많은 음식을 먹어도 소용이 없습니다.

그 이유는 정서적 공복감은 육체적 공복감과 다른 방식으로 해결돼야 하기 때문입니다. 정서적 공복감의 근본 원인을 찾아 해결한다면, 4시간 후에도 똑같은 현상이 나타나지는 않을 것입니다. 어떤 형태로 표현되든 정서적 공복감의 원인은 이렇습니다.

피할 수 없는 스트레스

탐닉과 중독을 연구한 학자들에 따르면 '피할 수 없는 스트레스'란 생활에서 느끼는 스트레스의 양을 낮출 방법이 없어서 지속되고 있는 감각이라고 합니다.

　피할 수 없는 스트레스는 결혼 생활의 불화나 만성 질환, 또는 직장에서의 스트레스와 같은 단순한 것일 수도 있습니다. 심지어는 죄책감이나 수치심, 즉 돌이킬 수 없는 과거에 일어난 일에 대한 후회로 인해 생겨날 수도 있습니다.

　루덴 박사는 저서 『갈망하는 뇌』에서 '피할 수 없는 스트레스'는 뇌의 형태를 변화시켜 음식이나 알콜 같은 물질에 대한 생리적 갈망을 만들며, 이때 스트레스 경험을 일시적으로 잊게 해준다고 밝혔습니다. 본질적으로 음식은 스트레스를 일으킨 상황을 전혀 개선시키지 못한 채 일시적인 안도감을 주는 일회용 반창고와 같습니다. 이런 최신 연구 결과에 바탕을 두고, 이제 우리는 체중 감량을 도와주는 '마법의 알약'을 손에 쥐게 되었습니다.

스트레스에 대한 반응을 조절하면
더 이상 과식하고 싶지도 않고
그럴 필요도 없습니다.

　이미 알고 있듯이 몸과 마음은 밀접하게 연결돼 있습니다. 최근 과학적 연구에 따르면, 생각은 건강과 행복에 상당한 영향을 미치는 것으로 밝혀졌습니다. 우리는 상상력을 통해 신체의 생물학적 과정을 바꿀 수 있으며, 감정과 기분도 확실히 바꿀 수 있습니다. 자신의 마음에 관한 프로그램을 다시 짜고, 스트레스에 대응하는 능력을 개발하면, 실제로 뇌의 신경 화학적 지형도를 바꿀 수 있습니다.

다음 훈련에서 간단한 연상 기법을 통해 음식을 먹을 때 맛보는 일시적 평온함과 만족감을 느껴 보겠습니다. 이 훈련을 반복적으로 수행하고 NLP 녹음 파일의 메시지로 강화시키면, 대다수가 경험하는 걱정과 불안, 갈등 없이 스트레스 수준을 낮추고 정서적 공복감을 부드럽게 제거할 수 있습니다.

정말 놀라워요.
폴의 시스템을 이용하기 시작한 이후로는 초콜릿을 먹어 본 적이 없다고 솔직히 말할 수 있어요.
그전에는 하루에 10개씩 먹었거든요!

— 사회 복지사 길 미첼

마음 진정시키기

이 훈련을 시작하기 전에, 앞서 다룬 모든 단계를 잘 기억하면 좋습니다.

1. 당신이 정말 차분했던 때를 회상해 보세요. 평화롭고 자제심을 잃지 않았던 그때로 완전히 돌아가서, 보았던 것을 보고, 들었던 것을 듣고, 기분이 좋았던 느낌을 다시 가져 보세요. (그랬던 때가 기억나지 않는다면, 안락하고 편안하며 자제력까지 모두 갖춘 상태에서는 자신의 기분이 얼마나 좋을지 상상해 보세요.)

2. 마음속으로 이 경험을 계속 떠올리면서 색은 더 밝고 풍부하게, 소리는 더 선명하게, 느낌은 더 강하게 만들어 보세요. 이러한 좋은 감정을 느낄 때 오른손 엄지와 중지를 합쳐서 누르세요. 특정 장소에서의 특정 압력을 이 감정과 연관시키는 것입니다.

내면의 평화와 평온함이 느껴지는 이 기억을 여러 번 반복하면서 그때를 느껴 보세요.

3. 이제 엄지와 중지를 계속 합쳐 누르면서 이 편안한 기억을 다섯 번 이상 더 반복하며 이 좋은 느낌을 실제로 고정하세요. 손가락을 꽉 쥐는 것만으로도 몸 전체에 퍼지는 평온함과 이완의 느낌을 쉽게 기억할 수 있다면 충분히 수행한 것입니다.

4. 다음으로, 과거에 약간 스트레스를 준다고 느꼈던 상황을 생각해 보세요. 다시 한번 엄지와 중지를 합쳐서 누르세요. 평온한 느낌이 몸 전체로 퍼져나가는 것을 느끼면서 스트레스를 받은 그 상황으로 느낌을 가지고 간다고 생각해 보세요. 모든 것이 원하는 대로 완벽하고 정확하게 진행되고 있다고 상상하세요. 보게 될 것을 보고, 듣게 될 것을 들으며, 이 상황 속에서 조용하고 흐트러짐 없이 있을 수 있다는 게 얼마나 기분 좋은지 하나하나 느껴 봅니다.

5. 이제 엄지와 손가락을 누르면서 자신을 통제하고 있다는 평온한 느낌을 떠올리고, 스트레스로 느껴졌던 그 상황에 처해 있다고 다시 한번 상상해 보세요.

이번에는 몇 가지 어려움이 발생한다고 상상하고, 모든 어려움을 완벽하게 처리하는 자신을 알아차려 보세요. 보게 될 것을 보고, 들리는 것을 들으며 이 상황에서 훨씬 더 차분해지고 통제력을 갖게 되면 얼마나 기분이 좋을지 느껴 보세요.

6. 잠시 멈춰서 그 상황을 생각해 보세요. 불과 몇 분 전과 어떤 차이가 있는지 살펴보세요. 스트레스가 줄어들고 통제력이 향상되었나요? 그렇지 않다면 느껴질 때까지 연습을 반복하세요!

이 훈련을 할 때마다 '손끝에서' 차분한 이완감을 경험하는 것이 점점 더 쉬워질 것입니다.

가장 가혹한
비판자

피할 수 없는 스트레스의 가장 흔한 원인 중 하나는 많은 사람들이 평생 동안 갖고 있는 다음과 같은 비밀입니다.

자기혐오로 인한

무력감,

절망감,

무가치함,

사랑받지 못한다는 느낌

저는 대부분의 사람들이 하루를 시작할 때 스스로에게 학대를 가한다는 사실을 알고서 놀라움을 금치 못했습니다. 아침에 거울을 보며 '뚱뚱한 얼굴, 뚱뚱한 팔, 뚱뚱한 허벅지, 뚱뚱한 엉덩이'라고 말하고 되뇌면서, 왜 자신의 모습에 만족할 수 없는지 궁금해하면서 하루를 시작합니다.

체중 감량 세미나에서 저는 사람들이 학대를 멈추고 자신의 진가를 인정하기 시작하도록 돕는 일을 합니다. 참가자에게 거울을 바라보고, 자기 내면의 비판을 다른 사람에게도 큰 소리로 말해 달라고 요청하는 거죠.

한번은 사랑스럽게 생긴 여성분과 이 훈련을 하고 있었는데, 거울에 비친 자신의 모습을 보고는 바로 '이 뚱뚱한 암소야!'라고 외쳤어요.

물론 모두가 웃음을 터뜨렸습니다. 누군가 길거리에서 다가와 자신에게 그렇게 말하면 어떻게 하겠냐고 물었더니, 아마 한 대 때렸을 거라고 하더군요. 다른 사람에게서 그런 말을 듣지는 않겠지만, 거울을 볼 때마다 자신을 모욕하고 있었다는 걸 그녀는 그제야 눈치챘습니다.

아마도 오늘날의 문명 세계에서 가장 효과적인 교훈을 꼽아 보라고 한다면, '다른 사람에게 하는 것처럼 자기에게 하라'는 가르침이 아닐까 합니다.

제가 생각하는 '백금률'(황금률을 초월한 규칙이라는 뜻으로, 자신이 아닌 상대방의 입장에서 그가 생각하고 원하는 것을 있는 그대로 해 주는 것)은 이 겁니다.

> 다른 사람이 해주었으면 하고 바라는 것을
> 당신 자신에게 하라.

누군가 자신이 스스로에게 모욕하는 것만큼 대놓고 조악하게 모욕하거나('난 정말 멍청한 바보야.', '난 정말 쓸모없어.', '난 정말 시간 낭비만 해.', '세상에나, 난 참 한심해.' 등), 우리가 자신을 처벌하는 것만큼 용서하지 않고 처벌한다면, 이 잔인하고 비정상적인 대우의 부당함과 비인간성에 항의하며 팔을 걷어붙였을 것입니다.

그러나 많은 사람이 자신을 그런 식으로 대합니다. '그럴 필요가 없다'고 지금껏 아무도 말해주지 않았기 때문입니다. 뚱뚱하다고 자책하며 체중 감량에 동기를 쥐어짜는 대신 다른 좋은 방법이 있다는 걸 깨닫기 전까지는, 비현실적으로 높게 잡아둔 목표에 도달하기란 사실상 불가능합니다.

하지만 자기혐오를 그 자체로만 볼 수 있다면, 자신에 대한 압박을 줄일 수 있고, 배 터지게 먹는 것으로 자기혐오를 처리하는 대신에 직접 다루는 일이 가능해집니다.

자신을 유능하고 사랑스럽고 본질적으로 가치 있는 사람으로 여기기 시작해도 정서적 공복감에서 비롯되는 얼마간의 고통은 계속 느낄 수 있습니다. 그러나 일반적으로 내가 느끼지 못하더라도 친구와 가족은 나의 강점과 가치를 알아보기 마련입니다. 우리는 이 사실을 활용해 자신을 사랑하고 소중히 여기는 과정을 자신 있게 시작할 수 있습니다.

다음은 평생 동안 갖고 있던 자기혐오의 패턴을 바꾸는 데 도움이 되는 연습입니다.

당신을 사랑하는 사람
떠올리기

1. 눈을 감고 나를 사랑하거나 나에게 깊이 감사하고 있는 사람을 떠올려 보세요. 그 사람의 모습을 기억하고, 지금 그 사람이 눈앞에 서 있다고 상상해 보세요.

2. 자신의 몸에서 부드럽게 나와서 나를 사랑하는 사람의 몸으로 들어간다고 상상해 보세요. 상대의 눈을 통해 보고, 귀를 통해 듣고, 나를 바라보는 상대의 사랑과 좋은 감정을 느껴보세요. 그들이 당신에 대해 사랑하고 감사하는 것이 무엇인지 자세히 알아차리세요. 지금까지 자신에 대해 인식하지 못했던 놀라운 자질을 인정하고 확인하세요.

3. 자신의 몸으로 돌아와, 당신이 그렇게 사랑받고 평가받는 사람이라는 사실이 주는 기쁨을 음미해 보세요.

그 내면의 느낌은 몇 시간이나 간직할 수 있고, 이 느낌을 더 크게 느끼고 싶을 때마다 되풀이할 수 있습니다. 더 많이 할수록 더 쉬워지고, 결국에는 사랑하고 사랑받는 느낌이 거의 자동으로 일어납니다.

현재의 몸과
친하게

　전 세계 여성 중 1% 미만이 유전적으로 '모델 몸매'를 갖고 태어
난다는 사실을 알고 계셨나요?

　그럼에도 자기가 과체중이라고 생각하는 많은 사람들은 거식증
에 걸린 것처럼 보이는 마른 여성 모델이 웃고 있는 보정된 잡지 사
진과 자신을 비교하느라 상당한 시간을 허비합니다. 그러면서 그 언
짢은 기분을 나아지게 하려고 무언가를 먹어대며 스스로를 괴롭히
지요.

　우리 몸에는 최적의 건강을 위한 자연스러운 청사진이 들어 있
습니다. 인간은 키가 1.5미터에서 1.8미터 정도 되도록 설계되어 있
기 때문에 10대 후반이 되면 성장이 멈춥니다. 3미터까지 자라는 사

람은 없습니다. 계속 자라는 것은 자연스럽지 않고, 건강하지도 않습니다.

마찬가지로 우리 몸에도 자연스러운 모습이 있습니다. 요즘은 자신의 신체가 마음에 들지 들지 않는다면서, 바꿀 수만 있다면 어떤 일이든 서슴지 않는 사람들이 많아졌습니다. 그들이 깨닫지 못하는 것은 자신의 외모를 바꾸고 싶다면 먼저 자신의 타고난 신체와 화해해야 한다는 것입니다.

사실, 자신의 몸을 있는 그대로 받아들이는 법을 더 많이 배울수록, 노력하지 않아도 몸이 얼마나 쉽게 변하는지 놀라게 될 것입니다. 결론은 이렇습니다.

**원하는 몸매를 갖기 위해서는
현재의 몸과 친해져야 합니다.**

물론 허벅지가 더 얇아지거나 배가 홀쭉해지기를 기대할 수도 있지만, 자신이 현재 그 몸 안에 있고 지금부터 더 건강하고 날씬하게 만들어야 하는 것이므로 지금은 자신의 몸과 화해하는 것이 우선인 것입니다.

지나치게 먹지 않는 것과
너무 많이 먹는 것

이 책에 담긴 모든 훈련법은 자신을 느끼는 방식이나 행동에 실질적인 변화를 가져오는 것들로 채워져 있습니다. 실제로 섭식 장애를 앓고 있는 많은 사람들이 이 시스템을 따라 하면서, 자존감을 높이는 훈련에서 큰 도움을 받게 되었다고 말합니다.

하지만 섭식 장애가 의심되거나 의심된다는 말을 들었다면, 자격을 갖춘 전문가의 도움을 받기 바랍니다.

거식증과 폭식증 환자는 불쌍할 정도로 마른 경우가 많지만, 거울을 보면서 스스로에게 과체중이라고 말하며 온갖 욕설을 퍼붓습니다. 그들 중 일부는 자신의 작은 결점에 집착해 모든 자기혐오를 그 신체 부위에 집중시킵니다.

어떤 사람은 마치 모든 걸 크거나 뚱뚱하게 보여주는 거울로 자신을 보는 것처럼, 자신을 완전히 왜곡된 형태로 바라보기도 합니다. 이처럼 왜곡된 자아상을 보통 '신체 이형증'(Body Dysmorphia, 자신의 외모에 결점이 없거나 사소한 것인데도 심각한 결점이라는 생각에 사로잡히게 되는 것)이라고 부르는데, 이러한 장애는 사람들이 진정으로 삶을 즐기거나 충분히 먹지 못하게 합니다. 그래서 결국 건강이 악화되고 최악의 경우 목숨을 잃게 되지요.

저는 텔레비전 프로그램을 통해서 사랑스러운 외모의 한 여성을 치료한 적이 있습니다. 그녀는 거울로 자신을 볼 때마다 눈물을 터뜨렸습니다. 모든 종류의 치료를 해봤지만, 그 어떤 치료도 효과가 없는 상태였습니다.

제가 지금부터 알려드리려는 방법으로 그녀는 이 끔찍한 평생의 장애를 극복했습니다. 한 시간 이내에 그녀는 자신 있게 거울을 보고 자신을 아름답다고 여길 수 있게 되었습니다.

저는 칭찬을 들었던 때를 떠올려 보라고 했습니다. 그녀는 애를 썼지만 하나도 생각해 내지 못했습니다. 마침 동거인이 그녀와 함께 있었기 때문에 그가 다정한 말을 했던 때가 없었는지 물었습니다. 그러자 "전혀 그런 적이 없어요!"라고 대답했습니다.

함께 온 파트너는 약간 상처받고 놀란 표정을 지으며 말했습니다. "난 항상 당신에게 다정하게 말했는데."

저는 그녀가 반박할 틈도 주지 않고 끼어들어서 "저분 말이 맞을 것 같은데요."라고 말했습니다. 자신이 가진 자아상은 생각을 걸러내는 필터 역할을 합니다. 그녀는 피폐한 자아상을 갖고 있었습니다. 그렇기 때문에 누가 다정한 말을 해도 그 말이 자신과 맞지 않는다는 이유로 즉시 무시해 왔던 것입니다.

이 치료에서 가장 뿌듯했던 순간은 마지막에 찾아왔습니다. 그녀는 그와 몇 년 동안 동거하면서 아이도 있었지만, 결혼은 하지 않았습니다. 결혼식 날 자신의 끔찍한 모습을 모든 사람이 쳐다볼 거라고 생각하면 견딜 수 없었기 때문이었습니다.

프로그램을 통해서 그녀가 자기혐오를 없애고 자신의 내면을 사랑으로 채웠을 때, 저는 질문했습니다.

"이제 결혼하면 어떻겠어요?"

그러자 그녀는 미소를 지으면서 남자를 바라보고 말했습니다.

"글쎄요, 누가 저에게 청혼해 봐야 알 것 같아요."

마침내 그녀는 수년간 자신의 파트너가 주려고 노력했던 모든 사랑을 받아들일 수 있게 됐습니다.

친절한 거울

누구나 때때로 칭찬과 찬사를 받습니다.

"당신 멋져요."

"오늘 예뻐 보이네요."

이렇게 사소한 칭찬들도 들을 수 있지만, 때로는 다음과 같이 상당히 진지한 칭찬도 받곤 합니다.

"당신 정말 섹시해요."

"사람들이 당신을 얼마나 존경하는지 알아요?"

다른 사람의 이런 진심 어린 긍정적인 칭찬을 당시의 관점에서는 충분히 인식하지 못했을 수 있습니다. 그러나 이제는 그런 긍정적인 칭찬은 당신이 자신의 성품을 제대로 평가하고 자존심을 높이는 데 값지게 쓰일 수 있습니다.

다음 세 가지 기술은 거울을 볼 때마다 자신에 대해 더 나은 기분을 느낄 수 있도록 함으로써 정서적 공복감을 없애는 데 도움이 될 것입니다.

충분히 숙지할 수 있을 때까지 여러 번 읽은 다음, 바로 실행해 보세요. 전체 과정은 10분 이상 걸리지 않으며, 원하는 만큼 자주 반복할 수 있습니다.

친절한 거울 만들기 1

1. 거울을 보면서 지금의 모습을 좋아할 것 같은 사람을 떠올려 보세요. 사실 여부와 관계없이 거울 속의 자신에게 다정한 말을 할 것 같은 사람이면 됩니다.

2. 미녀 모델이 당신의 눈앞에 서 있다고 상상해 보세요. 그들의 외모와 자세, 그리고 그들에 대해 최대한 많은 것을 상상해 보세요.

3. 그런 다음 눈을 감고 그 사람의 몸속으로 들어간다고 상상해 보세요. 상대의 자세를 그대로 따라 하고, 상대의 눈을 통해 보고, 귀를 통해 들으면서 그의 자신감과 행복감을 느껴보세요.

4. 그 좋은 느낌을 머리 꼭대기에서 발끝으로 내리면서 그 좋은 느낌이 온 몸을 뒤엎을 때까지 움직여 보세요.

5. 이제 그 좋은 느낌에 집중하면서 눈을 뜨고, 자신의 눈을 응시하세요. 몸을 쳐다보지 말고, 최소한 2분 동안 계속 눈을 응시하세요. 이 연습은 의식의 지각 필터를 다시 조정함으로써, 마음으로 자신의 미래를 좀 더 똑똑하게 볼 수 있도록 도와줍니다.

여기까지 실행하고 만족했다면, 다음으로 넘어갑니다.

친절한 거울 만들기 2

1. 눈을 감고 거울 앞에 서서 존경하거나 신뢰하는 사람으로부
   터 칭찬을 들었던 때를 떠올려 보세요.
   그 사람의 칭찬을 반드시 믿을 필요는 없지만, 그 말을 해준
   사람의 진심은 믿어야 합니다. 그 경험을 다시 한번 되짚어
   보세요.

2. 칭찬과 그 칭찬을 한 사람의 진심을 떠올리면서 그 사람에 대
   한 신뢰와 존중의 감정에 집중하십시오.

3. 가능한 한 강하게 느끼면서 눈을 뜨고 거울을 바라보면, 그가
   본 자신이 보일 것입니다. 그 사람이 보았던 자신을 보면서
   그 느낌이 어떤지 느끼세요.

4. 마지막으로, 그 상태의 자신을 사진에 담는다고 상상해 보세

요. 그 사진을 마음속으로 가져온다고 상상해 보세요.

좋은 기분을 느끼고 싶을 때마다 그 사진을 꺼내 언제든지 볼

수 있도록 보관하세요.

여기까지 실행하고 만족했다면, 다음으로 넘어갑니다.

친절한 거울 만들기 3

1. 매일 1분 이상 거울을 보며 자신의 몸을 바라봅니다. 옷을 입지 않고 보는 게 좋지만, 불편하다면 몸매가 드러나는 옷을 입어도 됩니다.

2. '이건 멍청한 짓이야.', '세상에, 내 허벅지가 싫어.', '흠, 아직은 나쁘지 않네!' 등 어떤 생각이 떠오르는지 주목하세요.

3. 거울 속의 사람에게 사랑과 승인, 긍정적인 에너지를 보내세요. 그에게 당신이 그의 편이며, 그에 대한 당신의 사랑은 허벅지 크기에 달려 있지 않다는 것을 알려주세요.

이 훈련들을 매일 하는 것을 잊지 마십시오.
자신에게 빠르게 일어나는 변화를 느끼게 되더라도 놀라지는 마십시오. 많은 사람이 자기혐오에서 중립적인 자기수용(자신을 가치 있는 인간이라고 여기게 되어, 자기의 가치 기준이 자신의 경험에 근거한 것이라고 생각하고, 자신의 감정을 있는 그대로 볼 수 있게 되는 것)의 상태로 전환하는 것만으로도 인생이 바뀝니다. 결국에는 사랑에까지 도달하게 되고, 그 변화는 더욱 극적으로 진행될 것입니다.

자신의 정서적 욕구를 적극적으로 충족시키기 시작하면, 정서적 공복감은 점점 줄어들 것입니다. 그렇게 되면 진정으로 배가 고플 때만 음식을 먹는 것이 더 쉽고 자연스러워질 것입니다. 당신은 눈에 띄게 더욱 자신감 있고 카리스마 넘치는 사람이 되어 갈 것입니다. 매일매일, 예전에는 꿈만 꾸던 일들을 자연스럽게 해내고 있는 자신을 발견하게 될 것입니다.

Q. 저는 항상 배가 고픈데 그런 것에 익숙해져야 한다고 들었습니다. 이것도 감정적인 문제일까요?

전적으로 감정적이라고 말할 수 있을 정도입니다. 과체중 상태는 하나의 증상이고, 대부분은 '피할 수 없는 스트레스'가 그 원인입니다.

하지만 많은 책과 프로그램들은 무엇을 먹어야 하는지, 먹지 말아야 하는지를 일러주는 방식으로 문제를 해결하려고 합니다. 소위 다이어트 전문가들에게 "무엇을 먹어야 하나요?"라고 묻는 대신, 자기 내면으로 들어가서 '무엇이 나를 먹게 만들까?'라고 자신에게 질문을 던져야 합니다.

앞으로는 스트레스를 받거나 슬프거나 화가 나거나 외롭거나 두려운 기분이 들 때, NLP 녹음 파일을 틀거나 자기를 사랑하는 훈련으로 즉각적인 평온함을 선사하면서 무조건적인 사랑과 인정을 베풀어 보세요. 그 후에도 여전히 음식을 먹고 싶다면 실제로 배가 고프기 때문일 수 있습니다!

Q. **다이어트에 큰 진전이 있는 것 같지만, 가끔 비스킷 한 봉지를 다 먹고 싶은 충동에 사로잡히기도 합니다. 폭식하고 싶을 때는 어떻게 해야 하나요?**

오래된 과식 패턴을 바꾸고 나서도 일부 남아 있던 갈망이 되살아나는 것은 비정상이 아닙니다. 그럴 때는 바로 6장으로 넘어가서 식탐을 즉시 없애는 기술을 사용할 수 있습니다!

127kg을 감량한
모린 에드워즈의 이야기

BEFORE

AFTER

어느 날 바비큐 파티에 참석했는데, 그곳은 사람들로 가득 차 있었어요. 저는 접시에 음식을 가득 쌓아놓고 여동생이 가리킨 의자에 앉았어요. (나중에 알고 보니 그녀가 저를 위해 특별히 가장 큰 의자를 구해 온 거였어요. 하얀 플라스틱 의자였죠.)

얼마 후에 다시 일어나려고 했는데 일어날 수가 없었어요. 저는 의자에 끼어 있었고, 의자는 제 밑에서 흔들리고 있었어요. 모두가 웃고 있었고, 저도 웃어 보이려 했지만 굴욕감을 느꼈어요.

남편과 다른 친구가 저를 빼내 주었지만, 그 과정에서 72인치(약 183cm에 해당) 허벅지에 파묻힌 의자의 팔걸이가 부서졌지요. 저는 약간의 부상도 입었습니다.

집으로 돌아오는 차 안에서 흐느끼며 저는 무언가를 하기로 결심했습니다.

그때 친구가 폴 매케나의 CD를 추천해 줬어요. 저는 무엇이든 시도할 준비가 되어 있었지만, 다른 모든 시도와 마찬가지로 아마 효과가 없을 거라고 은근히 생각했습니다. 하지만 실낱같은 희망이 저를 계속 움직이게 했습니다.

다음 날 CD를 받아 위층에 올라가서 틀어 보았는데, 솔직히 그날이 제 인생이 바뀐 날이라고 말할 수 있습니다. 이제는 매일 밤 CD를 듣고 잠자리에 듭니다!

저는 요즘 헬스장 매니저로 일하면서 정기적으로 에어로빅 수업을 받고 있습니다. 가끔은 제 엉덩이를 닦기 위해 손을 뻗을 수조차 없었던 때가 생각나기도 해요. 역겹다는 건 알지만, 그만큼 저는 뚱뚱했습니다.

거의 190kg에 육박하던 몸무게가 2년 만에 63kg 미만으로 줄었어요. 매일 제 삶이 얼마나 달라졌는지 경이로워하면서 행복감을 느끼고 있습니다. 이제 저는 다른 사람들도 돕습니다. 제 자신이 동기부여 그 자체입니다! 제가 할 수 있다면 누구나 할 수 있을 테니까요.

I'M LOOKING

FOR

A WAY TO STAY

SLIM

FOREVER

5장

움직이기만 해도
모두 운동입니다

신진대사라는 신화의
실체

신진대사가 '느려서' 살을 뺄 수 없다는 말을 들어본 적이 있으신 가요?

신진대사는 신체가 에너지를 생성하는 속도입니다. 신진대사가 빠를수록 체온 조절부터 손톱 성장에 이르기까지 신체가 하는 모든 일이 빨라집니다. 그런 상태는 지방이 잔뜩 들어 있는 로스트비프 접시에서 나온 것이든 엉덩이, 허벅지, 복부에서 나온 것이든 상관없이 지방을 더 빨리 태울 수 있다는 뜻입니다.

체중 감량 산업의 위대한 신화 중 하나는, 어떤 사람들은 유전적으로 기초 대사율이 낮기 때문에 다른 사람들보다 체중 감량이 더 어렵다는 것입니다. 신진대사가 진행되는 속도를 '기초 대사율(Basal

Metabolic Rate, BMR)'이라고 합니다. 이는 하루 동안 신체가 얼마나 많은 칼로리를 소모할지를 결정하는 요소입니다.

하지만 최신 과학 연구에 따르면 신진대사율은 고정된 것이 아니어서, 식습관과 몸을 사용하는 방식에 따라 달라질 수 있는 것으로 밝혀졌습니다.

수전 젭(Susan Jebb) 박사는 비만 연구 분야에서 영국을 대표하는 전문가 중 한 명입니다. 그녀는 어느 텔레비전 프로그램에서 신진대사에 대해 이렇게 설명했습니다.

"다이어트를 하면 신진대사에 변화가 생깁니다. 우리 몸은 필요한 만큼의 음식과 연료를 공급받지 못한다는 것을 인식합니다. 다이어트를 할 때 나타나는 신진대사율의 감소는 기본적으로 기근 시대에 있던 몸의 반응이 매우 합리적인 형태로 신화한 것입니다. 식량이 부족하면 에너지를 절약하는 것이 합리적이기 때문에 신진대사율이 내려가는 것입니다."

다시 말해 신진대사가 정말 느린 사람도 있지만, 신진대사가 느린 이유는 끝없는 다이어트로 신진대사를 늦췄기 때문입니다. 다이어트를 하면 에너지 보존을 위해 우리 몸은 모든 에너지 시스템을 최소한의 수준으로 낮춥니다. 그 결과 활력이 사라지고, 운동이나 다른 신체 활동에 전혀 흥미를 느끼지 못합니다.

　설상가상으로, 신체가 기능하는 데 필요한 에너지를 쓰기 위해 말 그대로 자신의 조직을 먹어 치우는 탓에, 근육양은 모두 소모됩니다. 따라서 체중계에서 일시적으로 체중이 감소했다 하더라도, 진짜 빠져야 할 것이 빠진 게 아니라 근육이 감소한 것입니다.

　근육이 감소하는 것이 왜 나쁠까요? 우리가 사무실이나 집에서 침대에 앉아 있는 동안 신체가 연소할 수 있는 칼로리의 양인 기초대사율이 그 앙상한 근육에 의해 좌우되기 때문입니다.

　인생에서 '확실한 것'은 거의 없지만, 여기서 확실한 한 가지를 말씀드리고 싶습니다.

다이어트를

계속하는 하는 한

계속 살이 찌고,

그것이 평생 유지됩니다.

　반대로 배가 고플 때마다 음식을 먹으면 우리 몸은 연료가 충분하다는 것을 알게 됩니다. 따라서 에너지를 빠르고 효율적으로 사용할 수 있도록 신진대사가 활발해집니다. 필요에 따라 에너지가 보충

된다는 것을 알기 때문에 지방을 추가로 저장하지 않아도 되고, 날씬해 보일 뿐만 아니라 에너지도 가득 차게 됩니다.

이 장의 나머지 부분에서는 신진대사 속도를 높이는 방법뿐만 아니라 하루 종일, 심지어 자는 동안에도 더 많은 지방과 칼로리를 연소시킬 수 있도록 신진대사를 '촉진'하는 방법을 알려드리겠습니다!

저는 풀의 기술을 사용하여 5km 레이스를 달렸습니다.
거의 힘을 들이지 않고도 체중이 줄었어요.

—투어 가이드 캐시 트레벨리언

운동이란
움직이는 모든 행동

제가 젭 박사에게 신진대사를 촉진하는 '비결'이 있는지 물었더니, 그녀는 이렇게 답했습니다.

"굶지 않고 몸을 더 많이 움직이기만 하면 신진대사는 증가합니다. 그리고 신진대사를 높이는 가장 좋은 방법은 더 많이 활동하는 것입니다.

의자에 앉아 있는 것만으로도 누워 있는 것보다 더 많은 에너지를 소모할 수 있습니다. 일어서 있으면 앉아 있는 것보다 더 많은 에너지를 사용합니다. 걷기나 계단 오르기는 모두 신진대사와 에너지 필요량을 증가시킵니다. 신체 활동을 활발히 하게 될 경우에는 기초대사량을 2배 가까이 높임으로써 여분의 에너지를 연소시킬 수 있습니다."

다시 말해, 규칙적인 운동은 신진대사의 속도를 거의 두 배까지 높여 줍니다. 운동이란 말에 지레 겁을 먹고 포기할 필요는 없습니다. 운동이란 그저 다음과 같은 것이니까요.

운동이란
평소보다 더 깊게 호흡하거나
심박수를 조금 더 높게 만드는
모든 행동입니다.

지금보다 심장 박동을 조금 더 뛰게 하고, 더 깊이 호흡하게 만드는 즐거운 방법을 생각해 볼 수 있나요? 그렇다면 이미 운동을 쉽고 즐거운 생활의 일부로 만들어 가고 있는 것입니다. 사람들에게 운동에 관해 물어보면, 트랙에서 달리거나 역기를 드는 상상을 하곤 합니다.

저는 항상 웃음이 납니다. 세미나에 참석한 사람들이 운동을 전혀 하지 않는다고 말할 때면요.

"아침에 침대에서 일어나지 않나요?"

저는 묻습니다. "집 주변을 걷는 건 어때요? 집이나 아파트를 벗어나 본 적 있나요? 그럴 때 누군가가 업어 주나요, 아니면 두 발로 걷나요?"라고요.

사실, 우리는 매일 몸을 움직이는 것만으로도 이미 하루 종일 '운동'을 하고 있습니다. 신진대사를 촉진하고 신체가 칼로리와 지방을 연소하는 속도를 높이는 비결은, 그저 현재 하고 있는 것보다 더 많이 움직이는 것입니다.

세상에서 가장 영향력이 큰 운동에 관한 속설은 '고통 없이는 성과도 없다.'라는 말이지만, 실제 운동은 이런 것입니다.

노력 없이는 성과도 없지만,

조금만 노력하면

엄청난 성과를 얻을 수 있습니다.

운동의 또 다른 이점도 있습니다. 연구에 따르면 규칙적으로 운동하면 체중을 줄일 수 있을 뿐만 아니라, 기분도 좋아진다고 합니다. 운동이 최고의 스트레스 완화제 중 하나인 천연 엔도르핀을 분비하기 때문입니다.

원리는 이렇습니다. 우리 몸은 정서적 위협과 신체적 위협을 구분하지 못합니다. 따라서 나쁜 일이 일어날까봐 걱정만 해도 우리 몸은 싸우거나 도망쳐서 스스로를 보호할 준비를 한다는 것입니다. 싸울 대상이나 도망칠 곳이 없더라도 말이지요. 몸은 잔뜩 긴장해 있지만, 이를 해소할 방법은 찾지 못합니다.

하지만 운동을 할 때마다 우리 신체는 스트레스 반응의 긴장을 완화함으로써 더욱 더 차분하고 안전하며 건강하다고 느낄 수 있도록 해줍니다. 이밖에도 규칙적인 운동은 '부교감신경 반응(Parasymphathetic Response)', 즉 휴식과 이완, 회복에 대한 신체의 자연스러운 충동을 유발합니다. 부교감신경 반응은 무거운 일을 하거나 격렬한 운동을 마친 후 근육에서 느껴지는 달콤하고 부드러운 느낌입니다.

천연 마취제인 엔도르핀이 분비되면, 자연스레 기분이 좋아지는 것을 느낄 수 있습니다. 이 호르몬은 기분에 긍정적인 영향을 미쳐서 정신을 더 맑게 해주고, 집중력, 긴장 완화, 숙면 같은 기능을 더 잘 발휘할 수 있게 해줍니다.

따라서 컨디션이 좋지 않을 때마다 10~15분간 걷기 등, 심박수를 높이고 지금보다 더 깊게 숨을 쉴 수 있는 운동을 하는 것만으로도 기운을 북돋울 수 있습니다. 걷기를 포함하여 지금보다 심장 박동이 빨라지게 하고, 더 깊이 호흡할 수 있게 하는 운동이라면 어떤 것이든 좋습니다.

실패하는 법

운동을 하면 근육을 키우고 지방을 감량하며 기분을 좋게 하는 데 도움이 됩니다.

또한 피부가 맑아지는가 하면, 정신이 맑아지며 운동 능력이 향상되고 심지어 성적 능력도 강화됩니다. 운동 중에 분비되는 특정 호르몬은 노화 과정을 늦추고, 오히려 젊어지게 하는 것으로 나타났습니다.

그런데 왜 사람들은 운동을 더 하지 않는 걸까요?

그 이유는 운동에 대한 잘못된 상상 때문입니다. 운동이라고 하면 사면이 거울로 둘러싸인 공간에서 헬스 기구 위에서 헐떡거리는 숨소리가 들리고, '더 화끈하게!'를 외쳐 대는 에어로빅 강사의 광적인 구령이 들리는가 하면, 체격 좋은 사람들에게 둘러싸여 무작정 집으로 돌아간 채 포기하고 싶었던 기억이 떠오르기 때문일 것입니다.

또는 홈쇼핑에서 큰 맘 먹고 운동 기구를 구입하고서 며칠 후 신이 나서 포장을 풀었지만, 한 달 정도 지나 이번에야말로 진짜 운동을 시작할 거라는 결심으로 산 물건이 가장 비싼 옷걸이가 됩니다. 그렇게 점점 더 많은 옷이 쌓여 더 이상 운동 기구가 잘 보이지도 않게 됩니다.

결국 '운동이란 정말이지 어려운 것'이라는 사고 패턴을 갖게 되는 것입니다.

두 가지 경우에서 문제는
운동과 즐거움을
연결시키지 않았다는
사실입니다.

규칙적으로 운동하고 싶다면, 운동하는 동안과 운동 후에 몸을 움직이는 것을 즐겨야 합니다. 운동과 연결된 부정적인 의식을 뿌리 뽑고, 긍정적인 것으로 새롭게 설치해야 합니다. 그전까지는 운동을 '해야 한다'고 자신에게 계속 말하고, 그 말을 듣지 않는다며 자책하는 악순환이 계속될 것입니다.

다음 훈련은 생생한 시각화와 간단한 연상법으로 운동에 강력한 동기를 부여하고, 자신이 원할 때면 언제든지 발동시킬 수 있도록 함으로써 당신의 몸을 훨씬 더 매력적으로 만들어 줄 것입니다.

언제든지 원하면 운동을 기분 좋게 수행할 수 있습니다. 당신은 이미 오른손 엄지와 중지를 사용하는 '마음 진정시키기' 기술을 익혔으므로, 원한다면 다른 손가락을 사용할 수도 있습니다. 쉬우면서도 눈에 띄지 않으니 어디서나 할 수 있습니다.

동기 부여의 힘 1

언젠가 신나서 스스로 열심히 무언가를 했던 때나 정말 좋아서 했던 어떤 일을 떠올려 보세요. 이제 그런 감정을 손가락 누르기와 연결함으로써 감정과 행동의 연관성을 만들 것입니다.

1. 운동에 대한 동기가 얼마나 강한지 1부터 10까지를 척도로 평가하세요. 1이 가장 약하고, 10이 가장 강합니다.

2. 하고 싶은 일을 떠올려 보세요. 좋아하는 취미나 여가 활동, 사랑하는 사람과의 시간, 가족과 함께 보내는 시간 등, 특별히 열정을 느끼는 일일 수 있습니다. 당장 떠오르는 것이 없다면, 복권에 당첨됐다고 가정했을 때 얼마나 신이 나서 상금을 받으러 갈 것인가를 떠올려 보세요. 또는 세상에서 가장 매력적인 사람에게서 데이트 신청을 받았다면, 얼마나 적극적으로 응대할 것인가를 상상해 보세요.

3. 당신에게 가장 의욕을 불러일으키는 게 어떤 것이든, 그 일이 지금 일어난 것처럼 시각화해 보세요. 그 일로 보게 될 것을 보고, 듣게 될 것을 듣고, 그것으로 인해 의욕이 올라오는 기분을 정확히 느껴 보세요.

이제 장면의 모든 세부 사항에 주목하세요. 색상을 더 풍부하고, 더 대담하고, 더 밝게 만들어 보세요. 소리는 더 선명하게, 느낌은 더 강하게 만들어 보세요. 감정이 최고조에 달하면, 엄지와 손가락을 겹쳐서 누르세요.

4. 동기 부여 영상을 계속 바라보세요. 영상이 끝나면 바로 다시 시작하고, 그 의욕과 엄지와 손가락 겹쳐 누르기를 함께 느껴 보세요. 본 것을 보고, 들었던 것을 듣고, 그 의욕을 느껴 보세요.

5. 이제 멈추고 손가락에 힘을 빼세요. 몸을 조금 움직여 보세요.

이제 의욕의 방아쇠를 시험해 볼 준비가 되었습니다. 엄지와 손가락을 겹쳐 눌러서 기분 좋은 느낌을 되살려 보세요. 강렬하게 느껴지지는 않겠지만, 이 운동을 할 때마다 동기 부여의 느낌을 높일 수 있다는 걸 기억하는 것이 중요합니다.

동기 부여의 힘 2

이 연습을 하기 전에 먼저 모든 단계를 자세히 읽어 보세요.

1. 이제 동기 부여를 느끼는 것과 몸을 움직이는 것 사이의 연관
   성을 생각해 볼 시간입니다. 엄지와 손가락을 겹쳐 누르고,
   의욕을 느낄 때 기분이 어떨지 떠올려 보세요.

   이제 하루 종일 힘을 덜 들이고 쉽게 몸을 움직이는 자신을
   상상해 보세요.

   모든 일이 완벽하게 진행되고, 원하는 대로 정확하게 진행되
   며, 몸을 즐겁게 움직일 수 있는 기회가 점점 더 많아진다고
   상상해 보세요.

   보게 될 것을 보고, 듣게 될 것을 들으며, 그 기분이 얼마나 좋
   은지 느껴보세요.

   그런 다음 손가락과 엄지손가락을 겹쳐 누르면서 다시 반복
   해, 의욕의 느낌과 운동을 영구적으로 연결하세요.

2. 이제 1부터 10까지의 척도에서 몸을 움직이는 데 어느 정도
   의 의욕이 느껴지나요?

   숫자가 높을수록 일상생활에 운동을 얼마나 더 쉽게 끌어올
   수 있는지를 알 수 있습니다. 숫자가 낮다면 더 연습해야 합
   니다.

   이 책과 함께 제공되는 NLP 녹음 파일을 원하는 만큼 자주
   들을 수도 있습니다. 더 많이 들을수록 운동에 대한 동기 부
   여가 더 강화될 것입니다.

영원히 날씬할 방법을 찾고 있어

성공을 위한
간단한 단계

우리 몸은 근육으로 만들어져 있습니다.

그러나 많은 사람이 책상에 앉아 일을 하고 자동차, 버스, 기차로 이동하기 때문에 이전 세대 사람들보다는 근육을 많이 사용하지 않습니다. 건강을 유지하고 지방을 급속도로 연소시키는 신진대사 능력을 지닌 우수한 유전자를 물려받았지만, 최대한 많이 또는 자주 사용하는 습관을 버리고 있는 것입니다.

제임스 힐(James Hill) 박사는 18세에서 50세 사이의 여성이 하루 동안에 걷는 평균 걸음 수가 5,000보를 조금 넘는다는 사실을 발견했습니다. (남성의 경우 평균 걸음 수는 하루 6,000보에 가까웠습니다.) 흥미로운 사실은 과체중인 사람들은 건강한 체중을 유지하고 있는 사람들에 비해서 하루 1,500~2,000보를 더 적게 걷는다는 것입니다.

하루에 2,000보를 더 걷는 것과 그렇지 않은 것이 과체중과 날씬함의 차이를 만든다는 걸 잠시 생각해 보세요! 겨우 네 개의 블록을 걷기만 해도 채울 수 있는 걸음 수입니다. 걸음 수를 늘릴수록 더 많은 칼로리를 소모하게 되고, 이렇게 늘어난 걸음 수 덕분에 신진대사 속도가 빨라져서 쉬거나 자는 동안에도 지방이 계속 연소되는 몸이 되는 것입니다.

일부 의사는 하루 최소 1만 보 이상을 유지하라고 권하는데, 실제로 하루에 2만 보를 걸어서 체중 감량에 놀랄 만한 성과를 거둔 사람들도 있습니다.

하루에 얼마나 걸었는지 알고 싶다면 만보기(걸음 수 카운터)를 구입하면 됩니다. 아침에 운동을 시작할 때 옷에 부착해서 현재까지 하루에 몇 걸음을 걸었는지 알아보세요. 일주일에 2,000보씩 늘리면, 무리하지 않으면서도 원하는 목표까지 올릴 수 있습니다.

아무리 변화하고 싶어도 한 번에 하루씩만 변화할 수 있다는 점을 기억하는 것이 중요합니다. 피부가 맑아지고, 기분이 좋아지고, 더 나은 섹스를 원한다면 정식 운동 프로그램을 짜서 시작할 필요가 있겠지만, 그렇지 않더라도 몸은 움직여야 합니다.

기회가 있을 때마다 운동을 하세요. 엘리베이터 대신 계단을 이용하세요. 사무실에서 멀리 떨어진 곳에 주차하고, 2,000보 더 걸어서 출근하세요.

움직이세요. 춤을 추세요. 스포츠를 하세요. 즐기세요. 몸은 하나밖에 없으니 즐기기도 해야 하지 않겠습니까.

Q. 운동을 하지 않고도 체중을 감량할 수 있나요?

물론입니다. 배고플 때 먹고, 실제로 원하는 것을 먹고, 한 입 한 입 즐기고, 배가 부르면 멈추기만 하면 체중이 감소합니다.

하지만 완전히 누워 있지 않는 한, 운동을 하지 않는 것은 사실상 불가능합니다. (그리고 아마 숨은 쉬고 있을 겁니다…….) 지금보다 조금만 더 움직이기만 해도 체중을 더 빨리 감량하는 것이 얼마나 쉬운 일인지 생각해 본다면, 왜 느린 방법으로 체중을 감량하고 싶겠습니까?

Q. 신진대사 속도를 높이는 데 얼마나 걸리나요?

네 가지 황금률을 따르기 시작하는 순간부터 신진대사는 빨라지기 시작합니다. 일상생활이 운동이 되면 속도는 더욱 빨라집니다.

하지만 너무 무리하지는 마세요!

저는 당장 살을 빼야 한다는 절박감에 도달하면 굶고, 파워 워킹을 하고, 헬스장에 가는 것을 한꺼번에 시작하는 부류의 사람들이 있다는 것을 알았습니다. 이런 사람들은 체중을 즉시 감량하지 못하면 (몸을 생존 모드로 몰아넣기 때문에) 너무 힘들다고 판단하여 모든 계획을 포기했지요.

어떤 일이든 작은 단위로, 여러 부분으로 나누어서 하면, 성공적으로 해낼 수 있습니다. 그렇기 때문에 쉽게 성공할 수 있는 운동의 종류와 양을 선택한 다음, 매주 조금씩 운동량을 늘리는 것이 좋습니다. 이렇게 하면 이 과정의 모든 단계를 스스로 통제할 수 있다는 느낌을 받게 됩니다.

일단 처음 세 치례만 싱공하세요. 그러면 평생 계속할 수 있습니다!

41kg을 감량한
이본느 미니의 이야기

BEFORE

AFTER

저는 오랫동안 다이어트를 했습니다. 살을 빼고 나면 다시 살이 찌고, 또다시 살이 찌곤 했습니다. 그러는 사이 제 몸은 점점 더 무거워져 2005년에는 100kg이 넘었고, 우울하고 불행했으며 평생 뚱뚱하게 살아야 할 것 같았습니다.

남편이 폴의 책과 CD로 체중을 감량하더니, 저에게 해보라고 잔소리를 해댔습니다. 하지만 저에게는 효과가 없을 거라고 생각했어요.

어느 크리스마스 날, 고양이를 무릎에 앉히고 소파에 앉아 있는 데 텔레비전에 재미있는 게 없어서 남편에게 DVD를 틀어 달라고 부탁했죠. 존은 폴의 체중 감량 DVD를 틀어주며 "이것 좀 봐요."라고 말했어요. 저는 다투고 싶지도 않고, 고양이를 방해하고 싶지도 않았기 때문에 어쩔 수 없이 시청했습니다. 적어도 잔소리는 멈출 것 같았어요!

놀랍게도 그 조언은 설득력이 있었어요. 저는 바로 네 가지 황금률을 시도했고, 체중이 줄기 시작했어요. 저는 이 시스템에 뭔가가 있다는 걸 깨닫고, 폴의 책까지 읽게 되었습니다.

운동에 관한 부분을 읽고 용기를 얻어서 걷기부터 시작했습니다. 처음 하루 2,000보를 걷는 걸로 시작했는데 걷는 게 생각보다 너무 재미있었어요. 점점 더 빨라지고 더 멀리 나아가, 결국 달리기까지 하게 되었죠. 운동을 하면 할수록 몸이 가벼워져서, 더 많이 하고 재미있게 했답니다.

10개월 후 저는 41kg을 감량했고, 뒤도 돌아보지 않았습니다. 이제 달리기는 제 삶의 일부가 되었고, 수많은 레이스에 참가했습니다. 최근에는 첫 풀코스 마라톤을 완주했고, 앞으로 더 많은 마라톤에 도전할 계획입니다.

이 시스템을 실천하면서 인생이 바뀌었습니다. 결코 힘들지 않았고, 더 이상 폭식하거나 비참한 기분이 들지 않았습니다. 음식에 대한 완전한 자유를 얻었습니다. 소파에 앉아 포테이토 칩이나 먹어대던 사람에서 마라톤 주자가 되었고, 과체중은 영원히 사라졌기에 저는 행복합니다!

I'M LOOKING

FOR

A WAY TO STAY

SLIM

FOREVER

6장

음식을 향한 끝없는
갈망 없애기

식욕을
억제하는 법

저의 시스템을 이용하는 사람들이 가장 우려하는 점은 자신들이 좋아하는 음식을 제가 속임수를 써서라도 증오하도록 하고, 계속 아쉬움이 들게 하지 않을까 하는 것입니다.

하지만 전혀 상관없는 걱정이니 안심하십시오. 앞서 이미 배운 것처럼 저의 시스템에서는 특정 음식을 금지하지 않습니다. 배가 고프고, 먹고 싶다면 무엇이든지 마음껏 먹을 수 있는 것입니다.

그러나 한 번 먹기 시작하면 멈출 수 없거나 배가 고프지 않은데도 음식을 참지 못하면 그 순간만큼은 통제 불능 상태입니다. 초콜릿 바를 통째로 먹어치우거나 과자 한 봉지를 통째로 먹어치워야 한다면, 그건 자신이 아니라 음식에 주도권을 뺏긴 상태입니다. 따라서 이 장에서는 몸과 식습관, 삶의 주도권을 잡는 방법에 관해 다룰 것입니다.

어떤 것에든 갈망을 느껴 봤다면, 그것이 즉시 충족되기를 바라는 욕구임을 알 수 있습니다. 또한 대부분의 식욕은 일반적인 배고픔이 아니라 초콜릿, 피자, 치즈 케이크 같은 특정 음식과 연관돼 있습니다.

이제 갈망에 대해서 다음 것들을 알면 됩니다.

당신이

갖고 있을 수 있는

음식을 향한 갈망은

모두 학습된 행동입니다.

음식을 향한 갈망은 타고난 것이 아니라는 말입니다. 그리고 그것이 학습되었다면 제거할 수도 있으며, 그것도 단 몇 분 만에 쉽게 잊어버릴 수 있습니다.

이 장에서는 두 가지 방법을 제안할 것입니다. 하나는 음식을 향한 갈망이 강할 때, 2분 이내로 그것을 없애거나 줄여 주는 방법입니다. 다른 하나는 자기 마음의 프로그램을 다시 짜서 그 갈망을 영원히 멈추게 하는 방법입니다.

이 놀라운
태핑 기술

이 놀라운 기술은 『몸 안의 치료사를 활용하는 법 *Tapping the Healer Within*』의 저자 로저 칼라한(Roger Callahan) 박사가 개발했습니다. 제 체중 감량 텔레비전 프로그램 중 한 곳에 매일 4리터의 콜라를 마시는 리지라는 여성이 등장했습니다. 우리는 그녀에게 실험에 참여할 것을 요청했습니다. 그러나 결과는 실망스러웠습니다. 그녀는 끊임없이 갈망에 시달렸고, 며칠 안 가서 우울증과 히스테리 증세를 보였습니다.

그 즈음 저는 그녀에게 전화를 걸어 지금부터 소개할 태핑 기술(Tapping)을 안내했습니다. 그러자 놀랍게도 단 몇 분 만에 울음과 욕구가 완전히 멈췄습니다. 리지는 자신이 기억하는 한, 처음으로 자신이 마음먹은 대로 음식을 통제할 수 있었다고 말했습니다. 이후에도 그녀는 먹고 싶은 갈망이 다시 생겼을 때도 마음먹은 대로 끊어낼 수 있었습니다.

첫날에는 거의 열 번 남짓 태핑을 시도해야 했습니다. 하지만 다음 날에는 8번으로 줄었고, 주말에는 하루에 한두 번만 갈망이 올라왔습니다. 이 책을 쓰고 있는 지금, 리지는 태핑을 배운 후 단 한 번도 콜라를 마시지 않고 있습니다. 그보다 더 놀라운 사실은 콜라에 대한 갈망이 2년 넘게 생기지 않았다는 점입니다.

지금 어떤 음식에 대한 강한 갈망을 느끼고 있고 이를 즉시 줄이거나 없애고 싶다면, 제 지침을 온전히 따르십시오. 그러면 갈망은 완전히 사라질 것입니다.

그러나 몇 분 동안은 온전히 집중하십시오. 갈망을 줄이려면 선택한 음식을 계속해서 생각하는 게 중요합니다.

지금부터 소개할 방법은 몸의 특정 경혈(經穴, 신체와 내장 기관이 서로 통하는 공간. 한의학에서는 이곳을 침이나 뜸으로 자극하여 통증과 질병을 다스릴 수 있다고 봄.)을 두드리는 것입니다. 모든 갈망에 대한 코드는 뇌에 컴퓨터 프로그램처럼 저장되어 있습니다.

지금부터 설명하는 순서대로 각 경혈을 두드리면서 자신이 갈망하는 음식에 관해 생각하면, 뇌를 작동시키는 소프트웨어가 갈망을 우회하도록 재설정함으로써 불편함 없이 일상생활을 할 수 있습니다.

내면의 잠재력 활용하기

이 기술을 훈련하기 전에 각 단계를 읽어 보고, 자신이 수행해야 할 이전 작업을 정확히 파악하세요.

1. 가장 좋아하는 음식에 대한 강렬한 욕구를 느껴 보세요. 이제 1 부터 10까지, 가장 낮은 것을 1, 가장 높은 것을 10으로 설정하여 갈망의 정도를 평가하세요. 잠시 후 지금 떠올린 음식에 대한 갈망이 얼마나 줄었는지 확인할 것이기 때문에 이 과정은 중요합니다.

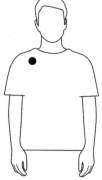

2. 이제 양손의 두 손가락으로 쇄골 아래를 10회 정도 두드리면서 욕구에 대해 계속 생각하세요.

3. 이제 눈 밑을 10번 두드립니다.

4. 이제 쇄골 아래를 다시 두드립니다.

5. 다른 한 손으로 약지와 새끼손가락 사이 손등을 두드려 주세요. 이
   동작을 하는 동안, 음식에 대한 갈망을 계속 생각하세요.

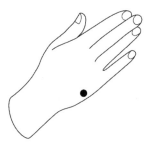

· 눈을 감았다가 뜹니다.
· 고개를 움직이지 않고 계속 두드리
  면서 오른쪽을 내려다보고, 왼쪽을
  내려다봅니다.
· 계속 두드리면서 눈을 시계 방향으로 360도 돌렸다가, 반대 방
  향으로 360도 돌립니다.

이 동작을 하는 동안 자신이 갈망하는 음식에 대해 계속 생각해야
한다는 것을 명심하세요!

· 이제 〈생일 축하합니다〉의 처음 몇 소절을 큰 소리로 흥얼거려
  보세요.
· 1부터 5까지 큰 소리로 세어 봅니다.

- 다시 한번 〈생일 축하합니다〉 노래의 처음 몇 소절을 큰 소리로 흥얼거려 보세요.

6. 잠시 멈추고 확인해 보세요.

   1부터 10까지의 척도 중에서 지금 당신의 갈망은 어디에 해당하나요?

음식에 대한 갈망이 아직 완전하게 사라지지 않았다면, 그렇게 될 때까지 이 순서를 반복하세요. 갈망을 완전히 없애기 위해서는 두세 번은 반복해야 하는데, 대부분의 사람들은 한두 번만으로도 갈망을 상당히 줄일 수 있었다고 입을 모아 말합니다.

이제 갈망이 생기면 이 절차를 하고 싶은 만큼 되풀이하십시오. 다음에 소개하는 두 번째 방법은 갈망을 영원히 없애 주는 방법이 될 것입니다.

갈망을 없애는 방법 2

욕망 파괴하기

앞서 배운 태핑 기술은 음식에 대한 갈망을 줄이거나 궁극적으로 없애 주는 데 다소 시간이 걸립니다.

그러나 다음 기술은 단 몇 차례만 적용하더라도 음식에 대한 갈망을 영원히 없애 줄 것입니다.

실제로 저는 텔레비전 정규 프로그램과 세미나에서 이 기술로 자신을 '초콜릿 중독자'라고 생각하는 사람들을 2분도 채 안 되어 초콜릿을 다시는 먹지 않도록 해주었습니다!

이제 그때와 동일한 기술을 사용함으로써 여러분이 특정 음식을 다시는 먹고 싶지 않게 만들어 드리고자 합니다. 대부분의 사람들은 초콜릿, 빵, 비스킷 또는 가끔 기분 전환을 위해 먹다가 자신의 엉덩이와 허벅지에 무거운 지방층으로 정착하고 마는 특별한 음식을 선택합니다.

다음 기술은 특정 음식을 정말 완전히 끊고 싶을 때만 사용하세요!

단순히 음식에 대한 갈망을 줄이고 싶다면 '내면의 잠재력 활용하기'로 돌아가세요. 이 기법을 실행하기 전에 전체 내용을 반드시 읽어 보세요.

1. 아주 싫어하는 음식, 정말 구역질 나는 음식을 떠올려 보세요. (제 교육에 참여한 한 여성은 무엇이든 못 먹을 게 없다고 자신만만하게 말했지만, 결국 인간의 머리털 한 접시를 먹는다는 생각에 혐오감을 느꼈다고 털어놓았습니다.)

2. 다음으로, 그 싫어하는 음식이 담긴 큰 접시가 눈앞에 있다고 생생하게 상상해 보세요.

   이제 한 손의 엄지와 새끼손가락을 맞대고 누르면서, 역겨운 그 음식의 냄새를 맡고 먹는다고 상상을 합니다. 엄지와 새끼손가락을 맞대고 누르면서, 입안에서 그 음식의 식감을 상상합니다. 그 맛을 상상하면서 구역질이 날 때까지 엄지와 새끼손가락을 겹쳐 누르세요. 약간 메스꺼운 느낌이 든면 손가락에 힘을 빼세요.

3. 그러고 나서 앞으로 먹지 않으려는 음식을 떠올려 보세요. 그 음식을 담은 접시를 상상하세요.

4. 이제 먹지 않으려는 그 음식의 그림을 더 크게, 점점 크고 더 밝게 만들어 보세요.

   나보다 커질 때까지 크게 만들고, 그보다 더 크게 만들어 보세요. 계속해서 점점 더 크게 만들고, 점점 더 가까이 가져온 자신을 통과해 반대편으로 지나가게 만들어 보세요. (대부분의 사람들은 마치 해리 포터 시리즈에서 유령이 내 몸을 통과할 때처럼 그림이 내 몸을 통과하는 것이 약간 이상한 느낌이 든다고 말합니다.)

5. 다시 엄지와 새끼손가락을 겹쳐 누르면서, 앞서 생각했던 싫어하는 음식의 맛을 상상해 보세요. 동시에 이제 먹지 않으려는 그 음식도 먹는 상상을 해보세요.

   이제 먹지 않으려는 음식과 싫어하는 음식이 섞여 있다고 상상해 보세요. 먹지 않으려는 음식과 싫어하는 음식, 두 가지 음식을 함께 먹는다고 상상해 보세요.

   두 음식의 맛과 질감을 계속 상상하세요. 엄지와 새끼손가락을 겹쳐 누르고, 커다란 접시에 담아 삼키면서 마음속으로 계속 먹어 보세요.

   더 이상 먹을 수 없을 때까지 더 많이, 더 많이, 더 많이 먹다가 멈추세요.

6. 지금까지 좋아했던 음식을 떠올려 보고, 지금은 어떻게 달라졌는지 알아차려 보세요.

이 태핑 기술은 특정 음식에 대한 욕구가 완전히 사라질 때까지 원하는 만큼 자주 반복할 수 있습니다. 그러면 더 이상 그 음식의 노예가 되지 않을 것입니다.

Q. 술을 많이 마시는데 어떻게 해야 하나요? 그래도 체중을 감량할 수 있나요?

솔직히 말해서 술 때문에 살이 찌는 것은 아닙니다. 날씬한 알코올 중독자도 많이 있지요. 과도한 음주의 진짜 문제는 체중 증가가 아니라 의식을 잃게 된다는 점입니다. (나는 쓰러질 때까지 술을 마시라고 이야기하는 게 아닙니다.)

대부분의 사람은 자신의 삶을 잊고자 술을 마십니다. 이제 이 시스템을 이용하기 시작했으니, 삶에서 지속적이고 긍정적인 변화를 누릴 수 있을 것입니다. 다만, 적어도 밥 먹을 때는 술을 마시지 말고, 술을 마실 때는 밥을 먹지 말라고 권하고 싶습니다. 만약 그럴 수 없는 경우라면, 네 가지 황금률은 반드시 지켜야 합니다. (음주와 관련해 문제가 있다고 생각되면 적절한 전문가에게 도움을 요청하세요.)

Q. 저는 잘 참다가 주말만 되면 폭음을 합니다. 사생활을 좀 더 억제할 수 있을 때까지 기다려야 할까요?

자신을 제어할 수 없다면, 당신은 사생활을 결코 억제할 수 없습니다. 이 책에 들어 있는 모든 시스템이 도움이 되어 줄 것입니다. 네 가지 황금률을 따르고, 감정을 관리하는 법을 배우고, 몸을 움직이는 것은 모두 어려운 일입니다. 하지만 하면 할수록 점점 더 쉬워집니다.

또한 식습관을 더 잘 통제할수록 삶의 다른 영역에서도 긍정적인 효과를 더 많이 경험하게 될 것입니다. 시간이 지남에 따라 이 시스템을 적용한 결과 스트레스가 줄어들고, 행복감이 커지며, 심지어 수입이 증가했다며 보고하는 경우는 드문 일이 아닙니다.

폭음에 관해서는 자신을 용서하고 계속 나아가시기 바랍니다. 그것은 당신 잘못이 아닙니다. 오래된 과식 패턴 일부가 사라지면서 나타난 갈망일 따름입니다. 하지만 당신은 이 장에서 소개한 태핑 기술을 배웠으니, 그 갈망을 얼마든지 물리칠 수 있을 것입니다.

I'M LOOKING

FOR

A WAY TO STAY

SLIM

FOREVER

7장

체중 감량 퍼즐의
마지막 조각

시작 전에
중지하기

체중을 감량하고 평생 유지하기 위해서는 다음과 같이 행동하면 됩니다.

1. 배가 고프면 드세요.

2. 먹어야 한다고 생각하는 음식 말고, 먹고 싶은 것을 드세요.

3. 맛을 느끼면서 먹고, 한 입 한 입 즐기세요.

4. 포만감을 느끼면 그만 드세요.

그렇다면 이렇게 간단한 원칙을 지킬 수 없게 만드는 요인은 무엇일까요?

어느 날, 저는 체중 감량 세미나에서 셰일라라는 여성을 치료한 적이 있습니다. 그녀는 책을 읽고 CD를 들었으며, 실제로 시스템을 이용하기 시작한 지 첫 6주 동안에 거의 6kg을 감량할 수 있었습니다.

하지만 마침 그때 삶에 문제가 생겼다고 합니다. 딸과의 관계에서 위기에 부딪혔고, 차가 고장났으며, 이후 몇 달 동안 사소한 질병이 잇달아 발생했습니다.

"그러자 이 시스템이 작동을 멈췄습니다."

그녀는 말했지요.

저는 그 상황이 충분히 이해가 갔지만, 그녀에게 정말 필요한 것은 이런 말이었습니다.

"삶은 항상 문제가 일어나는 일의 연속일 테고, 당신의 관심을 끌기 위해 항상 일어날 것입니다. 하지만 정말로 체중을 감량하고 자신감을 높이고 내면의 행복을 얻고 싶다면, 자신에 대한 주도권을 잡아야 한다는 사실을 명심하세요."

지금 삶에서 무슨 일이 일어나고 있든, 배가 고프지 않을 때 입을 벌리고 음식을 밀어넣는 것은 당신 자신뿐입니다. 아침, 점심, 저녁 식사의 즐거운 감각과 풍미로부터 다른 것으로 관심을 돌리는 것도 당신 자신입니다.

이 시스템은

결코 멈추지 않고 성공을 향해 나아갑니다.

당신이 거기에 따르는 것을

멈추었을 따름입니다.

그나마 좋은 소식은 자기 몸을 잘 살피고, 공복감의 척도 중에서 자신의 위치를 알아내어 날마다 네 개의 황금률을 따르기만 한다면 지금 곧바로 다시 체중 감량을 시작할 수 있다는 것입니다. 다행히도 셰일라는 6개월 후에 19kg 감량한 상태로 다른 세미나에 참석했습니다. 하지만 체중 감량보다 훨씬 중요한 사실은 새로운 성취감과 가능성이 보였다는 것이었습니다.

저는 시스템을 제대로 활용하지 못하는 29%의 사람들과 만나서 이야기해 보았습니다. 그 결과 그들이 언제나 한 가지 공통점을 보인다는 것을 알게 됐습니다.

그들은 이 시스템을 따르지 않았습니다. 그 이유는 적극적인 불신 때문이기도 했습니다.

- 당신이 크림 케이크를 그만 먹게 할 줄 알았어요. 정말 좋아하거든요.

- 배고플 때마다 먹으라는 뜻이 아닐 거예요. 하루에 한 끼만 먹으면 된다는 뜻이겠죠.
- 항상 원하는 음식을 먹으라는 뜻은 아니었을 거예요. 가끔 우리 자신을 대접하라는 뜻이었을 거예요. 구운 껍질 없는 닭가슴살을 계속 먹을 거예요. 그리고 저지방 무설탕 다이어트 케이크를 먹을 거예요. 하지만 가끔은 휘핑 크림을 조금 얹어 먹어야겠어요.
- 다이어트는 그렇게 나쁘지 않아요. 결국 결혼식 전에 굶어서 살을 뺐어요. 이 시스템을 지침으로 삼아, 제가 터득한 다이어트 프로그램의 효과를 높이겠습니다.

이 중 하나라도 당신의 생각과 비슷하게 들린다면 선택은 간단합니다. 제 시스템을 완전히 따라서 쉽게 체중을 줄이거나, 이 책을 실패한 다른 다이어트 책 더미에 던져 버리는 것입니다. 효과가 있는 심리 시스템이나 약이 있을 수도 있습니다. 하지만 그렇다 해도 실천하지 않으면 아무런 소용이 없을 겁니다.

그러나 정말 놀랐던 점은 어떤 사람들은 자신이 이 시스템을 따르지 않고 있다는 것조차 모르고 있다는 것이었습니다. 그들은 의식적으로는 내 지시에 완벽하게 따르고 있으면서도, 무의식적으로 자신이 아는 감량 방법에 방해될지도 모른다는 생각을 품고 있었습니다.

제가 이걸 알아차리고 말을 해주면, 그들은 곧장 인정하면서도 자신이 무엇을 해야 할지는 몰랐습니다.

그런가 하면 이렇게 물어보는 사람도 있었습니다.

"자기 방해의 신념이 무의식에서 나왔다면, 대체 그걸 어떻게 알아차릴 수 있나요?"

다행스러운 것은 자신의 무의식에 내재한 신념이 어떤 것인지 모르더라도 그것을 바꿀 수 있다는 것입니다.

무의식이
불러오는 것들

사람들이 자신을 이루는 '하나의 부분'에 관해 말하는 걸 들어 본 적이 있나요?

"마음 한편으로는 영화관에 가고 싶지만, 다른 한편으로는 집에 있고 싶어."라거나 "일을 끝내고 싶은 마음도 있는데, 한편으로는 하루 종일 쉬고 싶어."라는 식입니다. 실제로는 내 안에 또 다른 부분이 있는 게 아닙니다. 일시적으로 충돌하는 것은 단순히 의식의 다른 측면일 뿐입니다. 그리고 두 개 이상의 '부분'이 충돌할 때, 그중 강한 부분이 행동을 결정합니다.

때로는 이런 말도 합니다.

"데이트 신청을 하고 싶은데 거절당할까봐 두렵다." 또는 "어떻게 해야 할지 알지만 선뜻 행동에 옮길 수가 없다."

한쪽에서는 행동을 취하거나 관계를 맺고 싶어 하고, 다른 한쪽에서는 거절의 고통에서 자신을 보호하려고 하지요.

당신은 어떤가요? 정말 체중 감량을 하고 싶지만 확신이 서지 않는 부분이 있나요? 이번에는 꼭 해내겠다고 굳게 결심했다가도, 의식을 잃고 다시 감자칩으로 정서적 공복감을 채우려고 하는 자신을 발견하나요?

이런 상황은 한쪽 발로 가속 페달을 밟고, 다른 쪽 발로는 브레이크를 밟은 채로 도로를 달리는 것과 비슷합니다. 앞으로 나아갈 수는 있어도 여행을 즐길 수는 없고, 이는 다른 주위 사람들도 마찬가지입니다.

수년 동안 저는 제 시스템에 관하여 자기 방해를 하는 이유를 숱하게 들었습니다. 비록 논리적이지는 않았으나, 그런 생각을 하는 사람에게는 그것이 중요한 목적이 되어 있었지요.

- 과거에 너무 여러 번 실패한 적이 있습니다. 이번에 체중을 줄일 수 있겠지만, 다시 살이 쪄서 더욱 실망할까봐 걱정입니다.

- 매력적인 사람을 만나 바람을 피웠고, 결혼생활이 거의 깨질 뻔했어요. 살을 빼면 다시 그런 일이 생길까봐 염려가 됩니다.
- 이건 너무 간단해서 믿기 어려울 정도로 좋군요. 나는 수년간 체중 감량을 위해 노력해 왔습니다. 만약 이 방법이 효과가 있다면, 그동안 낭비한 시간과 노력에 대해 나 자신에게 분노할 것 같아요.
- 이전에 예쁘고 말랐다는 이유 때문에 곤란했던 적이 있어요. 다시 그런 일이 생길까봐 살을 빼는 게 두려워요.

이런 이유가 과체중을 유지하는 논리적인 이유는 아니지만, 무의식이 어떻게 작동하는지 이해하지 못하는 사람이라면 완벽하게 이해가 됩니다.

무의식은 논리적이지 않고, 주된 목적은 어떤 대가를 고려하지 않은 상태에서 생존과 안전을 보장하는 것입니다. 이제 당신이 알아야 할 가장 중요한 사항은 이것입니다.

모든 부분에는
긍정적인 의도가
있기 마련입니다.

체중 감량을 원하는 내면은 자신에 대해 좋은 느낌을 받고 건강해지기를 원합니다. 실패하고 실망할까봐 걱정하는 내면은 불행한 감정을 느끼지 않도록 보호하려는 것입니다. 겉보기에는 정반대의 방향으로 자신을 이끌고 있는 듯해도, 둘 다 자신이 최선의 상태이기를 원한다는 동일한 의도를 공유하고 있습니다.

지금부터 알려드리려는 기술을 적용하면, 이제 이 두 가지 내면은 모두 우리의 최선을 위해 함께 일하기 시작할 것입니다.

통합된 자기 신념 만들기

1. 자신의 마음속에서 상충되는 두 가지 신념이나 입장을 생각해 내세요. 가령 마음 한편에서는 체중 감량을 원해도, 다른 한편에서는 더 안전하다는 이유로 현재의 과체중 상태를 유지하고 싶을 수 있습니다. 또는 실패할까봐 겁이 나고 두려워서 지금 시도를 방해하거나 끝내는 것이 낫다고 생각할 수도 있습니다.

2. 손바닥을 위로 한 채 손을 앞으로 내밀어 놓습니다. 오른손에는 살을 빼고 싶은 부분이, 왼손에는 '방해하는' 부분이 있다고 상상합니다.

3. 각 부분에게 그들이 원하는 것이 어떤 긍정적인 의도를 갖고 있는지 차례로 물어보세요. 이들이 같은 것을 원한다는 것을 실제로 알게 될 때까지 계속 물어보세요.
   그냥 지어낸 부자연스러운 것이라는 생각이 들 수는 있습니다. 하지만 이 과정을 거치면 신념과 자신감의 수준에 극적인 변화가 생길 것입니다.

예

체중 감량 → 매력 증가 → 건강 개선 → 성공!

방해 행위 → 조심성 증가 → 안전한 느낌 → 성공!

4. 손과 손 사이에 새로운 '슈퍼 부분'
   이 있어서, 체중 감량과 방해 행위라
   는 두 자원을 모두 갖추고 있다고 상
   상해 보세요. 그러면 예를 들어 안전
   하다고 여기는 방식으로 체중 감량
   을 할 수 있을까요?

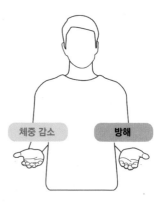

5. 최대한 빠르게 두 손을 모아서 두 개
   의 분리된 부분이 '슈퍼 부분'과 하
   나가 될 수 있게 합니다.

6. 두 손을 가슴에 갖다 대고 새로운 통
   합 이미지를 마음속에 담습니다.

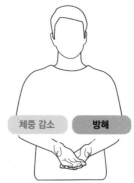

슈퍼 부분

이 기술을 연습하다 보면, 모든 내적 갈등을 이런 식으로 해결하기가 점점 더 쉬워진다는 걸 알게 될 것입니다. 그리고 자신의 모든 부분이 정렬되어 같은 방향으로 움직이게 되기 때문에, 무엇을 하기로 결정하든 레이저 빔처럼 집중할 수 있을 것입니다!

(이 기법은 리처드 밴들러[Richard Bandler] 박사의 서면 허가를 받아 사용했습니다.)

Q. 일주일이 다 되어 가는데 아직 체중이 줄지 않았습니다. 제
가 뭘 잘못한 걸까요?

첫 2주가 지나기 전에 몸무게를 재보았다는 말씀인가요? 이와
관련된 이야기를 하나 들려드리겠습니다.

옛날, 어느 농부가 싹이 나고 자라는 자연적인 과정을 배울 수
있도록 씨를 한 봉지 주고 심으라고 했습니다. 그러나 재배하기 가장
간단한 씨앗을 주었는데도, 어떻게 된 일인지 밭에서는 아무것도 자
라나지 않았습니다.

어느 날, 농부는 딸이 씨앗을 파서 밝은 곳으로 가져가는 장면을
목격했습니다. 왜 그러냐고 물었더니, 딸은 자라는 것이 있는지 보고
싶어서 파내보고 있다고 대답했습니다.

이 이야기에서, 농부의 딸은 자신이 씨앗을 파낼 때마다 씨앗이

자연스러운 속도로 진화하는 것을 방해하고 있다는 사실을 미처 깨닫지 못했던 것입니다.

마찬가지로, 이 시스템이 내 몸에 뿌리 내릴 시간을 주지 않고 계속 몸무게를 잰다면 뱃살, 엉덩이, 허벅지만 키울 뿐입니다.

Q. 만약 제가 이탈하면 어떻게 해야 하나요?

실수하는 것은 괜찮아요. 아기가 첫 걸음마부터 잘 걷나요? 자전거 타는 법을 배웠을 때에도 처음 몇 번은 흔들리고 넘어지지 않았나요? 세계 최고의 위대한 인물들도 성공하는 과정에서 많은 실수를 했습니다.

처음 몇 주 동안은 실수로 과식하거나 일시적으로 규칙을 잊어버릴 가능성이 높다고 생각합니다. 괜찮으니까 다시 규칙을 지키기 시작하면 됩니다. 어떤 사람들은 약간의 실수로 자신을 자책하고, 다시 실패했다며 자신을 괴롭히거나 폭식으로 자신을 위로하거나 시스템을 포기하고 다시 뚱뚱해질 거라고 자폭합니다.

이번엔 안 됩니다! 규칙을 따르고, 배고플 때 먹고, 한 입 한 입 즐기고, 배가 부른 것 같으면 멈추세요!

Q. 체중이 줄기 시작했는데 지금은 멈췄습니다. 어떻게 해야 할까요?

1. 배고플 때마다 식사를 하나요?
2. 먹어야 한다고 생각하는 음식이 아니라 실제로 원하는 것을 먹고 있나요?
3. 맛을 느끼면서 한 입 한 입 맛있게 먹나요?
4. 접시에 음식이 남아 있어도 배가 부른 것 같으면 식사를 중단 하나요?

이 질문들 각각에 정직하게 "예!"라고 대답할 수 있다면, 먹는 속도를 더욱 늦추는 것이 비결입니다!

위는 섭취하는 음식의 양에 따라 팽창과 수축을 반복합니다. 과거에는 너무 빨리 먹어서 몸이 보내는 포만감 신호를 알아차리지 못했습니다. 결과적으로 과식하고 위가 팽창하고 포만감을 느끼기 위해 더 많은 음식이 필요하게 되었습니다.

식사 속도를 늦추기 시작하면 음식을 먹으면서 의식하게 되고, 포만감 신호를 훨씬 빨리 알아차릴 수 있게 됩니다. 천천히 먹기만 해도 음식량이 줄고 위가 수축하여, 포만감을 느끼는 데 필요한 음식 양이 점점 줄어들 겁니다.

우리 몸은 적응력이 매우 뛰어납니다. 지금쯤이면 새롭고 느린 속도로 식사하는 데 너무 익숙해져서, 식사하는 동안 몸에 어떤 일이 일어나는지 다시 한번 의식하지 않게 됐을 수도 있습니다. 식사 속도를 조금만 더 늦추면 다시 한번 자신을 깨울 수 있고, 몸이 보내는 포만감 신호를 다시 알아차릴 수 있을 것입니다.

최종 참고 사항

이제 이 책의 마지막에 도달했습니다. 자신의 몸과 몸에 넣는 것(그리고 넣지 않는 것!)을 스스로 통제하는 삶이 시작됐습니다.

이 책에 수록된 모든 내용이 당신에게 도움이 될 것입니다. 믿지 않으셔도 됩니다. 그냥 따라 해 보세요.

더 많은 동기 부여가 필요한가요? 3장을 복습하고 날씬해진 자신을 바라보는 시간을 가져 보세요.

폭식증에 시달리고 계신가요?

4장의 '정서적 이유로 먹는 습관 극복하기'의 내용을 다시 검토하거나, 더 급한 경우에는 6장의 '음식을 향한 갈망 없애기'로 곧바로 이동해서 태핑 기술로 문제를 해결하세요.

가장 중요한 자료는 보다 쉽고 즐겁게 변화를 경험하는 데 도움을 드리기 위해 만든 NLP 녹음 파일일 것입니다. 매일 재생해서 들으면서, 이미 일어나기 시작한 긍정적인 변화가 강화되어 가는 것을 직접 체험해 보세요.

　　저는 당신이 날씬한 몸매를 가질 수 있도록 도와드릴 수는 있습니다. 하지만 날씬해지는 데 필요한 간단한 일상의 활동을 습관으로 만드는 것은 전적으로 당신의 몫입니다. 어떤 습관은 평생 지속될 수 있다는 사실을 잊지 마세요!

우리가 다시 만날 때까지,
폴 매케나

I'M LOOKING

FOR

A WAY TO STAY

SLIM

FOREVER

30일 체중감량 성공 다이어리

당신이 시작하려는 체중 감량 시스템은 세계에서
가장 단순하지만 가장 강력한 것입니다. 최고의 장점은 믿음이나
의지력이 필요하지 않다는 것이지요. 저의 지시를 따르기만 하면,
당신의 생활은 완전히 바뀔 것입니다.
매일 기록만 해도 어떤 일을 할 때 큰 차이를 만들 수 있습니다.
여기 주간 단위 일기의 샘플을 소개합니다. 앞으로 7일 단위로
이 다이어리에 자신의 진전 상황을 기록한다면, 음식과의 관계를
영원히 바꿀 수 있는 습관을 가지게 될 것입니다.

제1일

오늘의 성공 체크 리스트

	체크	비고
배가 고플 때 먹었다.	☐	
정말 원하는 것을 먹었다.	☐	
음미하면서 먹었다.	☐	
만족감을 느끼고 멈췄다.	☐	
물을 마셨다.	☐	
몸을 움직였다.	☐	
NLP 녹음 파일을 들었다.	☐	
거울 훈련을 했다.	☐	

오늘 내가 실천한 긍정적인 일 한 가지

_____

_____

내일 나 자신에게 기대하는 것

_____

_____

제2일

오늘의 성공 체크 리스트

	체크	비고
배가 고플 때 먹었다.	☐	
정말 원하는 것을 먹었다.	☐	
음미하면서 먹었다.	☐	
만족감을 느끼고 멈췄다.	☐	
물을 마셨다.	☐	
몸을 움직였다.	☐	
NLP 녹음 파일을 들었다.	☐	
거울 훈련을 했다.	☐	

오늘 내가 실천한 긍정적인 일 한 가지

_____

_____

내일 나 자신에게 기대하는 것

_____

_____

제3일

오늘의 성공 체크 리스트

	체크	비고
배가 고플 때 먹었다.	☐	
정말 원하는 것을 먹었다.	☐	
음미하면서 먹었다.	☐	
만족감을 느끼고 멈췄다.	☐	
물을 마셨다.	☐	
몸을 움직였다.	☐	
NLP 녹음 파일을 들었다.	☐	
거울 훈련을 했다.	☐	

오늘 내가 실천한 긍정적인 일 한 가지

내일 나 자신에게 기대하는 것

제4일

오늘의 성공 체크 리스트

	체크	비고
배가 고플 때 먹었다.	☐	
정말 원하는 것을 먹었다.	☐	
음미하면서 먹었다.	☐	
만족감을 느끼고 멈췄다.	☐	
물을 마셨다.	☐	
몸을 움직였다.	☐	
NLP 녹음 파일을 들었다.	☐	
거울 훈련을 했다.	☐	

오늘 내가 실천한 긍정적인 일 한 가지

_____

_____

내일 나 자신에게 기대하는 것

_____

_____

제5일

오늘의 성공 체크 리스트

	체크	비고
배가 고플 때 먹었다.	☐	
정말 원하는 것을 먹었다.	☐	
음미하면서 먹었다.	☐	
만족감을 느끼고 멈췄다.	☐	
물을 마셨다.	☐	
몸을 움직였다.	☐	
NLP 녹음 파일을 들었다.	☐	
거울 훈련을 했다.	☐	

오늘 내가 실천한 긍정적인 일 한 가지

_____

_____

내일 나 자신에게 기대하는 것

_____

_____

제6일

오늘의 성공 체크 리스트

	체크	비고
배가 고플 때 먹었다.	☐	
정말 원하는 것을 먹었다.	☐	
음미하면서 먹었다.	☐	
만족감을 느끼고 멈췄다.	☐	
물을 마셨다.	☐	
몸을 움직였다.	☐	
NLP 녹음 파일을 들었다.	☐	
거울 훈련을 했다.	☐	

오늘 내가 실천한 긍정적인 일 한 가지

_____

_____

내일 나 자신에게 기대하는 것

_____

_____

제7일

오늘의 성공 체크 리스트

	체크	비고
배가 고플 때 먹었다.	☐	
정말 원하는 것을 먹었다.	☐	
음미하면서 먹었다.	☐	
만족감을 느끼고 멈췄다.	☐	
물을 마셨다.	☐	
몸을 움직였다.	☐	
NLP 녹음 파일을 들었다.	☐	
거울 훈련을 했다.	☐	

오늘 내가 실천한 긍정적인 일 한 가지

_____

_____

내일 나 자신에게 기대하는 것

_____

_____

제8일

오늘의 성공 체크 리스트

	체크	비고
배가 고플 때 먹었다.	☐	
정말 원하는 것을 먹었다.	☐	
음미하면서 먹었다.	☐	
만족감을 느끼고 멈췄다.	☐	
물을 마셨다.	☐	
몸을 움직였다.	☐	
NLP 녹음 파일을 들었다.	☐	
거울 훈련을 했다.	☐	

오늘 내가 실천한 긍정적인 일 한 가지

_____

_____

내일 나 자신에게 기대하는 것

_____

_____

제9일

오늘의 성공 체크 리스트

	체크	비고
배가 고플 때 먹었다.	☐	
정말 원하는 것을 먹었다.	☐	
음미하면서 먹었다.	☐	
만족감을 느끼고 멈췄다.	☐	
물을 마셨다.	☐	
몸을 움직였다.	☐	
NLP 녹음 파일을 들었다.	☐	
거울 훈련을 했다.	☐	

오늘 내가 실천한 긍정적인 일 한 가지

_____

_____

내일 나 자신에게 기대하는 것

_____

_____

제10일

오늘의 성공 체크 리스트

	체크	비고
배가 고플 때 먹었다.	☐	
정말 원하는 것을 먹었다.	☐	
음미하면서 먹었다.	☐	
만족감을 느끼고 멈췄다.	☐	
물을 마셨다.	☐	
몸을 움직였다.	☐	
NLP 녹음 파일을 들었다.	☐	
거울 훈련을 했다.	☐	

오늘 내가 실천한 긍정적인 일 한 가지

_____

_____

내일 나 자신에게 기대하는 것

_____

_____

제11일

오늘의 성공 체크 리스트

	체크	비고
배가 고플 때 먹었다.	☐	
정말 원하는 것을 먹었다.	☐	
음미하면서 먹었다.	☐	
만족감을 느끼고 멈췄다.	☐	
물을 마셨다.	☐	
몸을 움직였다.	☐	
NLP 녹음 파일을 들었다.	☐	
거울 훈련을 했다.	☐	

오늘 내가 실천한 긍정적인 일 한 가지

_____

_____

내일 나 자신에게 기대하는 것

_____

_____

제12일

오늘의 성공 체크 리스트

	체크	비고
배가 고플 때 먹었다.	☐	
정말 원하는 것을 먹었다.	☐	
음미하면서 먹었다.	☐	
만족감을 느끼고 멈췄다.	☐	
물을 마셨다.	☐	
몸을 움직였다.	☐	
NLP 녹음 파일을 들었다.	☐	
거울 훈련을 했다.	☐	

오늘 내가 실천한 긍정적인 일 한 가지

_____

_____

내일 나 자신에게 기대하는 것

_____

_____

제13일

오늘의 성공 체크 리스트

	체크	비고
배가 고플 때 먹었다.	☐	
정말 원하는 것을 먹었다.	☐	
음미하면서 먹었다.	☐	
만족감을 느끼고 멈췄다.	☐	
물을 마셨다.	☐	
몸을 움직였다.	☐	
NLP 녹음 파일을 들었다.	☐	
거울 훈련을 했다.	☐	

오늘 내가 실천한 긍정적인 일 한 가지

_____

_____

내일 나 자신에게 기대하는 것

_____

_____

제14일

오늘의 성공 체크 리스트

	체크	비고
배가 고플 때 먹었다.	☐	
정말 원하는 것을 먹었다.	☐	
음미하면서 먹었다.	☐	
만족감을 느끼고 멈췄다.	☐	
물을 마셨다.	☐	
몸을 움직였다.	☐	
NLP 녹음 파일을 들었다.	☐	
거울 훈련을 했다.	☐	

오늘 내가 실천한 긍정적인 일 한 가지

_____

_____

내일 나 자신에게 기대하는 것

_____

_____

제15일

오늘의 성공 체크 리스트

	체크	비고
배가 고플 때 먹었다.	☐	
정말 원하는 것을 먹었다.	☐	
음미하면서 먹었다.	☐	
만족감을 느끼고 멈췄다.	☐	
물을 마셨다.	☐	
몸을 움직였다.	☐	
NLP 녹음 파일을 들었다.	☐	
거울 훈련을 했다.	☐	

오늘 내가 실천한 긍정적인 일 한 가지

_____

_____

내일 나 자신에게 기대하는 것

_____

_____

제16일

오늘의 성공 체크 리스트

	체크	비고
배가 고플 때 먹었다.	☐	
정말 원하는 것을 먹었다.	☐	
음미하면서 먹었다.	☐	
만족감을 느끼고 멈췄다.	☐	
물을 마셨다.	☐	
몸을 움직였다.	☐	
NLP 녹음 파일을 들었다.	☐	
거울 훈련을 했다.	☐	

오늘 내가 실천한 긍정적인 일 한 가지

_____

_____

내일 나 자신에게 기대하는 것

_____

_____

제17일

오늘의 성공 체크 리스트

	체크	비고
배가 고플 때 먹었다.	☐	
정말 원하는 것을 먹었다.	☐	
음미하면서 먹었다.	☐	
만족감을 느끼고 멈췄다.	☐	
물을 마셨다.	☐	
몸을 움직였다.	☐	
NLP 녹음 파일을 들었다.	☐	
거울 훈련을 했다.	☐	

오늘 내가 실천한 긍정적인 일 한 가지

_____

_____

내일 나 자신에게 기대하는 것

_____

_____

제18일

오늘의 성공 체크 리스트

	체크	비고
배가 고플 때 먹었다.	☐	
정말 원하는 것을 먹었다.	☐	
음미하면서 먹었다.	☐	
만족감을 느끼고 멈췄다.	☐	
물을 마셨다.	☐	
몸을 움직였다.	☐	
NLP 녹음 파일을 들었다.	☐	
거울 훈련을 했다.	☐	

오늘 내가 실천한 긍정적인 일 한 가지

내일 나 자신에게 기대하는 것

제19일

오늘의 성공 체크 리스트

	체크	비고
배가 고플 때 먹었다.	☐	
정말 원하는 것을 먹었다.	☐	
음미하면서 먹었다.	☐	
만족감을 느끼고 멈췄다.	☐	
물을 마셨다.	☐	
몸을 움직였다.	☐	
NLP 녹음 파일을 들었다.	☐	
거울 훈련을 했다.	☐	

오늘 내가 실천한 긍정적인 일 한 가지

_____

_____

내일 나 자신에게 기대하는 것

_____

_____

제20일

오늘의 성공 체크 리스트

	체크	비고
배가 고플 때 먹었다.	☐	
정말 원하는 것을 먹었다.	☐	
음미하면서 먹었다.	☐	
만족감을 느끼고 멈췄다.	☐	
물을 마셨다.	☐	
몸을 움직였다.	☐	
NLP 녹음 파일을 들었다.	☐	
거울 훈련을 했다.	☐	

오늘 내가 실천한 긍정적인 일 한 가지

_____

_____

내일 나 자신에게 기대하는 것

_____

_____

제21일

오늘의 성공 체크 리스트

	체크	비고
배가 고플 때 먹었다.	☐	
정말 원하는 것을 먹었다.	☐	
음미하면서 먹었다.	☐	
만족감을 느끼고 멈췄다.	☐	
물을 마셨다.	☐	
몸을 움직였다.	☐	
NLP 녹음 파일을 들었다.	☐	
거울 훈련을 했다.	☐	

오늘 내가 실천한 긍정적인 일 한 가지

_____

_____

내일 나 자신에게 기대하는 것

_____

_____

제22일

오늘의 성공 체크 리스트

	체크	비고
배가 고플 때 먹었다.	☐	
정말 원하는 것을 먹었다.	☐	
음미하면서 먹었다.	☐	
만족감을 느끼고 멈췄다.	☐	
물을 마셨다.	☐	
몸을 움직였다.	☐	
NLP 녹음 파일을 들었다.	☐	
거울 훈련을 했다.	☐	

오늘 내가 실천한 긍정적인 일 한 가지

_____

_____

내일 나 자신에게 기대하는 것

_____

_____

제23일

오늘의 성공 체크 리스트

	체크	비고
배가 고플 때 먹었다.	☐	
정말 원하는 것을 먹었다.	☐	
음미하면서 먹었다.	☐	
만족감을 느끼고 멈췄다.	☐	
물을 마셨다.	☐	
몸을 움직였다.	☐	
NLP 녹음 파일을 들었다.	☐	
거울 훈련을 했다.	☐	

오늘 내가 실천한 긍정적인 일 한 가지

_____

_____

내일 나 자신에게 기대하는 것

_____

_____

제24일

오늘의 성공 체크 리스트

	체크	비고
배가 고플 때 먹었다.	☐	
정말 원하는 것을 먹었다.	☐	
음미하면서 먹었다.	☐	
만족감을 느끼고 멈췄다.	☐	
물을 마셨다.	☐	
몸을 움직였다.	☐	
NLP 녹음 파일을 들었다.	☐	
거울 훈련을 했다.	☐	

오늘 내가 실천한 긍정적인 일 한 가지

_____

_____

내일 나 자신에게 기대하는 것

_____

_____

제25일

오늘의 성공 체크 리스트

	체크	비고
배가 고플 때 먹었다.	☐	
정말 원하는 것을 먹었다.	☐	
음미하면서 먹었다.	☐	
만족감을 느끼고 멈췄다.	☐	
물을 마셨다.	☐	
몸을 움직였다.	☐	
NLP 녹음 파일을 들었다.	☐	
거울 훈련을 했다.	☐	

오늘 내가 실천한 긍정적인 일 한 가지

_____

_____

내일 나 자신에게 기대하는 것

_____

_____

제26일

오늘의 성공 체크 리스트

	체크	비고
배가 고플 때 먹었다.	☐	
정말 원하는 것을 먹었다.	☐	
음미하면서 먹었다.	☐	
만족감을 느끼고 멈췄다.	☐	
물을 마셨다.	☐	
몸을 움직였다.	☐	
NLP 녹음 파일을 들었다.	☐	
거울 훈련을 했다.	☐	

오늘 내가 실천한 긍정적인 일 한 가지

_____

_____

내일 나 자신에게 기대하는 것

_____

_____

제27일

오늘의 성공 체크 리스트

	체크	비고
배가 고플 때 먹었다.	☐	
정말 원하는 것을 먹었다.	☐	
음미하면서 먹었다.	☐	
만족감을 느끼고 멈췄다.	☐	
물을 마셨다.	☐	
몸을 움직였다.	☐	
NLP 녹음 파일을 들었다.	☐	
거울 훈련을 했다.	☐	

오늘 내가 실천한 긍정적인 일 한 가지

_____

_____

내일 나 자신에게 기대하는 것

_____

_____

제28일

오늘의 성공 체크 리스트

	체크	비고
배가 고플 때 먹었다.	☐	
정말 원하는 것을 먹었다.	☐	
음미하면서 먹었다.	☐	
만족감을 느끼고 멈췄다.	☐	
물을 마셨다.	☐	
몸을 움직였다.	☐	
NLP 녹음 파일을 들었다.	☐	
거울 훈련을 했다.	☐	

오늘 내가 실천한 긍정적인 일 한 가지

_____

_____

내일 나 자신에게 기대하는 것

_____

_____

제29일

오늘의 성공 체크 리스트

	체크	비고
배가 고플 때 먹었다.	☐	
정말 원하는 것을 먹었다.	☐	
음미하면서 먹었다.	☐	
만족감을 느끼고 멈췄다.	☐	
물을 마셨다.	☐	
몸을 움직였다.	☐	
NLP 녹음 파일을 들었다.	☐	
거울 훈련을 했다.	☐	

오늘 내가 실천한 긍정적인 일 한 가지

_____

_____

내일 나 자신에게 기대하는 것

_____

_____

제30일

오늘의 성공 체크 리스트

	체크	비고
배가 고플 때 먹었다.	☐	
정말 원하는 것을 먹었다.	☐	
음미하면서 먹었다.	☐	
만족감을 느끼고 멈췄다.	☐	
물을 마셨다.	☐	
몸을 움직였다.	☐	
NLP 녹음 파일을 들었다.	☐	
거울 훈련을 했다.	☐	

오늘 내가 실천한 긍정적인 일 한 가지

_____

_____

내일 나 자신에게 기대하는 것

_____

_____

세기의 책들 20선
천년의 지혜 시리즈 No.5 자기계발 편 1부

영원히 날씬할 방법을 찾고 있어 I Can Make You Thin
최초 출간일 2005년

초판 1쇄 인쇄 2024년 5월 14일
초판 4쇄 발행 2024년 7월 17일

엮은이	서진
펴낸 곳	스노우폭스북스
기획·편집	여왕벌(서진)
마케팅 총괄	에이스(김정현)
SNS	라이즈(이민우)
커뮤니티	벨라(김은비)
유튜브	테드(이한음)
디자인	샤인(김완선)
미디어	형연(김형연)
키워드	슈퍼맨(이현우)
영업	영신(이동진)
북매니저	진저(박정아)
도서 디자인	헤라(강희연)
제작	해니(박범준)
종이	월드(박영국)
주소	경기도 파주시 회동길 527 스노우폭스북스 빌딩 3층
대표번호	031-927-9965
팩스	070-7589-0721
전자우편	edit@sfbooks.co.kr
출판신고	2015년 8월 7일 제406-2015-000159

ISBN 979-11-91769-70-8 03320
값 16,800원